新型生产关系

韩文龙 著

中国社会科学出版社

图书在版编目(CIP)数据

新型生产关系 / 韩文龙著. -- 北京：中国社会科学出版社, 2024.12. -- ISBN 978-7-5227-4387-5

Ⅰ.F120

中国国家版本馆 CIP 数据核字第 2024LH8455 号

出 版 人	赵剑英
责任编辑	王　衡
责任校对	郝阳洋
责任印制	郝美娜

出　　版	中国社会科学出版社
社　　址	北京鼓楼西大街甲 158 号
邮　　编	100720
网　　址	http://www.csspw.cn
发 行 部	010-84083685
门 市 部	010-84029450
经　　销	新华书店及其他书店

印刷装订	北京君升印刷有限公司
版　　次	2024 年 12 月第 1 版
印　　次	2024 年 12 月第 1 次印刷

开　　本	880×1230　1/32
印　　张	8.75
插　　页	2
字　　数	157 千字
定　　价	39.00 元

凡购买中国社会科学出版社图书，如有质量问题请与本社营销中心联系调换
电话：010-84083683
版权所有　侵权必究

序　言

2024年1月31日，习近平总书记在主持二十届中央政治局第十一次集体学习时指出："生产关系必须与生产力发展要求相适应。发展新质生产力，必须进一步全面深化改革，形成与之相适应的新型生产关系。"党的二十届三中全会通过的《中共中央关于进一步全面深化改革　推进中国式现代化的决定》指出，要"健全因地制宜发展新质生产力体制机制"，"健全相关规则和政策，加快形成同新质生产力更相适应的生产关系"。习近平总书记关于新型生产关系的重要论述，明确了构建新型生产关系的目标，明晰了进一步全面深化改革的方向，为构建与新质生产力相适应的新型生产关系提供了根本遵循和科学指引。

生产力决定生产关系，生产关系对生产力具有反作用。新型生产关系是在社会主义生产关系基础上，适应新质生产力发展要求进行的生产关系的局部优化和调整，是社会主义生产关系的自我完善与改革，涵盖了所有制结构变革、生产变革、分配变革、流通变革以及消费变革等多个维度，共同构筑起适应新发展阶段经济社会发展要求的生产关系体系。构建新型生产关系需要坚持正确方法论，关键着力点在于进一步深化改革构建高水平社会主义市场经济体制，最终目的是推动新质生产力加快发展。

从理论上看，习近平总书记关于新型生产关系的重要论述深化和拓展了传统生产关系理论范畴，突破和创新了对生产力与生产关系的本质认识，是坚持把马克思主义生产关系原理同中国发展实际和时代特征相结合的最新理论体现。从实践上看，形成与新质生产力相适应的新型生产关系为构建高水平社会主义市场经济体制奠定了坚实基础，为培育和发展新质生产力指明了前进方向，有助于推动高质量发展和实现中国式现代化。

形成与新质生产力相适应的新型生产关系需要科学把握发展新质生产力与形成新型生产关系的辩证法，明确新型生产关系的时代背景、把握新型生产关系的理论内涵、厘清新型生产关系的实践路径。为此，我们充分发挥国家重点学科——政治经济学的学科优势，完成了《新型生产关系》一书，沿着"为什么→是什么→怎么办→关键着力点→最终落脚点→重要辨析"的思路，研究阐释新型生产关系这一重要论述。

目录

第一章 为什么？
——新型生产关系的重大意义 1
一 理论意义 4
　（一）推动马克思主义生产关系理论的时代创新 5
　（二）丰富发展习近平经济思想 7
二 实践意义 11
　（一）有利于持续完善社会主义基本经济制度 12
　（二）有利于切实推动国家治理体系和治理能力现代化 16
三 历史意义 18
　（一）全面建成社会主义现代化强国的必经之路 18

（二）把握促进社会全面发展的历史契机　　21
　　（三）满足人民美好生活需要的重要制度保障　　23
四　国际意义　　25
　　（一）为发展中国家提供现代化道路的
　　　　中国方案　　25
　　（二）为社会主义国家生产关系现代化
　　　　提供中国模式　　29
　　（三）为全球提供应对新一轮科技革命和
　　　　产业变革的中国智慧　　31

第二章　是什么？
　　——新型生产关系的理论内涵　　35
一　理论渊源　　37
　　（一）马克思主义生产关系理论构成新型
　　　　生产关系的理论基石　　38
　　（二）生产关系理论历史探索构成新型
　　　　生产关系的重要来源　　42
　　（三）新时代生产关系创新构成新型
　　　　生产关系的理论前导　　46
二　理论逻辑　　49
　　（一）技术革命性突破要求科技体制更新　　50

（二）生产要素创新性配置要求经济
　　　体制变革　　　　　　　　　　　　52
　（三）产业深度转型升级要求产业支持
　　　政策发展　　　　　　　　　　　　54
　（四）因地制宜发展新质生产力要求构建
　　　新型生产关系　　　　　　　　　　56

三　理论特点　　　　　　　　　　　　　　58
　（一）新型生产关系是与时俱进的理论创新　58
　（二）新型生产关系是扎根实践的理论指导　61
　（三）新型生产关系是中国特色的理论成果　64
　（四）新型生产关系是世界经验的理论整合　67

四　具体内涵　　　　　　　　　　　　　　69
　（一）所有制结构变革——新型生产要素的
　　　产权制度　　　　　　　　　　　　70
　（二）生产变革——创新驱动的经济体制与
　　　科技体制　　　　　　　　　　　　72
　（三）分配变革——改革分配机制与激励
　　　机制　　　　　　　　　　　　　　74
　（四）流通变革——高水平社会主义市场
　　　经济体制与对外开放新机制　　　　77

（五）消费变革——支持新需求的新型
消费制度　　　　　　　　　　　79

第三章　怎么办？
　　——构建新型生产关系的实践路径　　　83
一　实践方法论　　　　　　　　　　　　　　85
　　（一）顶层设计，基层探索　　　　　　85
　　（二）问题导向，实事求是　　　　　　88
　　（三）先立后破，守正创新　　　　　　92
　　（四）因地制宜，分类指导　　　　　　95
　　（五）点面结合，系统推进　　　　　　98
二　实践内涵　　　　　　　　　　　　　　　101
　　（一）发展新质生产力需要实现新型生产
关系的动态适应　　　　　　　　101
　　（二）以全面深化改革重塑新型生产关系　103
　　（三）构建新型生产关系的主线与着力点　105
三　实践路径　　　　　　　　　　　　　　　109
　　（一）完善适应新质生产力的所有制结构　109
　　（二）以制度创新助推直接生产方式变革　111
　　（三）促进先进生产要素的顺畅流动　　114
　　（四）深化分配制度改革　　　　　　　116

（五）形成扩大消费需求的长效机制　　117

第四章　关键着力点
——进一步全面深化改革　构建高水平社会主义市场经济体制　　121

一　新型生产关系与高水平社会主义市场经济体制的辩证关系　　123

（一）新型生产关系为构建高水平社会主义市场经济体制提供经济基础与制度保障　　123

（二）高水平社会主义市场经济体制是建立新型生产关系的内在要求与主要抓手　　130

（三）二者相互依赖、相互促进，统一于推动新质生产力加快发展进程　　136

二　进一步全面深化改革构建高水平社会主义市场经济体制的着力点　　138

（一）坚持和落实"两个毫不动摇"　　138

（二）构建全国统一大市场　　146

（三）完善市场经济基础制度　　153

（四）完善要素市场化配置体制机制　　165

（五）正确处理好政府与市场的关系　　175

（六）建设更高水平开放型经济新体制　　181

第五章　最终落脚点
——以新型生产关系推动新质生产力加快发展　　189

一　新质生产力与新型生产关系的辩证关系　　191

（一）新质生产力发展要求形成与之相适应的新型生产关系　　192

（二）新型生产关系的形成有利于促进新质生产力发展　　196

二　以新型生产关系推动新质生产力加快发展的关键路径　　200

（一）深化科技体制改革，释放创新活力　　201

（二）深化人才发展体制机制，打造人才高地　　206

（三）构建现代化产业体系，培育新增长点　　210

（四）健全中国特色现代金融体系，服务实体经济　　215

（五）深化要素市场改革，提高资源配置效率　　219

（六）扩大高水平对外开放，深化国际合作　　224

第六章 重要辨析
——新型生产关系与传统生产关系的辩证统一性　229
一　二者的区别性　231
（一）技术—经济范式演化　231
（二）生产关系内涵深化　236
二　二者的联系性　251
（一）对立统一：改革与吸收　252
（二）质量互变：发展与演化　255
（三）否定之否定：批判与扬弃　259

第一章 为什么？——新型生产关系的重大意义

生产力是人类社会发展的最终动力，解放和发展生产力也是社会主义的根本任务。在传统生产力增长模式难以持续的前提下，如何进一步推动生产力变革以实现经济高质量发展是中国当前面临的重大挑战。2023 年 7 月以来，习近平总书记在四川、黑龙江、浙江、广西等地考察调研时，提出要整合科技创新资源，引领发展战略性新兴产业和未来产业，加快形成新质生产力。① 发展新质生产力是推动高质量发展的内在要求和重要着力点。因此，要健全因地制宜发展新质生产力体制机制，加快发展新质生产力。

为了适应新质生产力的发展，需要构建与之相适应的新型生产关系。2024 年 1 月 31 日，习近平总书记在主持二十届中央政治局第十一次集体学习时强调："生产关系必须与生产力

---

① 习近平：《发展新质生产力是推动高质量发展的内在要求和重要着力点》，《求是》2024 年第 11 期。

发展要求相适应。发展新质生产力，必须进一步全面深化改革，形成与之相适应的新型生产关系。"① 党的二十届三中全会指出："加快形成同新质生产力更相适应的生产关系"。② 从马克思主义政治经济学和唯物史观的角度来看，生产力决定生产关系，生产关系对生产力具有反作用。新质生产力的发展客观上会要求形成新型生产关系，而主动完善与新质生产力相适应的生产关系、发展新型生产关系，又会反作用于生产力，促进新质生产力快速发展。

从现实维度探析，加速构建与新质生产力相契合的新型生产关系，已成为当前经济工作的战略重心，其紧迫性与实践意义不言而喻。

一　理论意义

"加快形成同新质生产力更相适应的生产关系"，体现了习近平总书记对当下中国经济运行发展的深刻洞察和远见卓识，标志着对生产力与生产关系本质认识的重大突破和创新，

---

① 习近平:《发展新质生产力是推动高质量发展的内在要求和重要着力点》，《求是》2024年第11期。
② 《中共中央关于进一步全面深化改革　推进中国式现代化的决定》，人民出版社2024年版，第11页。

是坚持把马克思主义政治经济学基本原理同中国发展实际和时代特征相结合的最新理论体现。这不仅标志着对传统生产关系理论范畴的深刻拓展与全面深化，更是精准契合了当前新一轮科技革命和产业变革浪潮的蓬勃兴起，为在新形势下科学评估与高效驱动现有生产力注入了新的活力。

（一）推动马克思主义生产关系理论的时代创新

新型生产关系，作为习近平经济思想中的最新理论成果之一，其诞生并非无源之水、无本之木，而是深深植根于马克思主义生产关系理论的沃土之中，是时代化的创新体现。这一表述蕴含着深厚理论逻辑与明晰发展轨迹，是对马克思主义经典理论在新时代背景下的深刻拓展与进一步丰富，彰显了中国特色社会主义的独特魅力与理论自信。

马克思主义生产关系理论是新型生产关系提出的理论基础。马克思在《〈政治经济学批判〉序言》中明确指出："人们在自己生活的社会生产中发生一定的、必然的、不以他们的意志为转移的关系，即同他们的物质生产力的一定发展阶段相适合的生产关系。"① 马克思主义政治经济学始终牢牢坚持生产力决定生产关系、生产关系反作用于生产力的基本原理和科学认识。

---

① 《马克思恩格斯选集》第二卷，人民出版社2012年版，第2页。

新型生产关系理论，正是这一经典原理在当代中国的创新演绎，它深刻洞察到新质生产力的崛起，并据此提出，生产关系必须与时俱进，进行适应性调整与变革，以充分释放并驱动新质生产力的潜能。具体而言，新质生产力决定新型生产关系，新型生产关系反作用于新质生产力，因此形成与新质生产力相适应的新型生产关系，不仅是遵循马克思主义政治经济学基本立场的必然结果，也是推动中国经济社会高质量发展的内在要求。这一过程体现了理论与实践的紧密结合，是马克思主义政治经济学在新时代背景下的中国化、时代化、大众化的生动实践。

新质生产力的发展是新型生产关系提出的实践基础。从马克思主义唯物史观的角度来看，不同性质的生产力必然要求相配套的生产关系，新质生产力是创新起主导作用，摆脱传统经济增长方式、生产力发展路径，具有高科技、高效能、高质量特征的先进生产力质态。随着信息技术、生物技术、新能源等领域的突破性进展，有力推动了人类社会的生产方式发生深刻变革。在此背景下，生产关系需全面调整以适应新质生产力要求，涉及产权制度、产业结构、企业组织、分配机制等关键环节的改革。新型生产关系的提出，正是为了回应这一变革，通过全面优化生产、分配、交换、消费等各个环节，实现资源的高效配置和产业的协同发展，从而赋能新质生产力。生产关系不断向前发展的这一过程，本质上是人类劳动发展的历史延续，反映的底层逻辑是劳动种类、结构、组织形式及生产方式的演进。从马克思所处的工业时代至今，生产力构成已从简单物质生产为主转向以科技劳动为核心，生产关系的相应调整成为必然。新型生产关系的这一创新不仅具体化、时代化了马克思主义生产关系理论，更超越了传统生产关系形式，实现了理论与实践的双重飞跃。

(二) 丰富发展习近平经济思想

新质生产力和新型生产关系是习近平经济思想的最新理论成果。习近平经济思想是在新时代中国特色社会主义经济建设的丰富实践中形成的，是基于中国经济发展现实问题的思考而形成的思想精华，它深刻回答了新时代中国经济发展的一系列重大理论和实践问题，具有鲜明的时代性、人民性、科学性、创新性、实践性、民族性、系统性、自主性和全球性，是指引中国经济高质量发展，全面建设社会主义现代化国家的科学行动指南。新型生产关系与习近平经济思想中的"三新一高"紧密相连，构成了一个逻辑严密、相互支撑的理论体系。新型生产关系的提出，并非孤立的理论创新，而是实现了理论与实践的相互印证与促进。加快构建与新质生产力相匹配的新型生产关系，是我们在新发展阶段把握时代脉搏、抢占未来发展先机的关键一招。此举不仅体现了对新发展理念的深入贯彻，更是推动生产力水平实现质的飞跃的必由之路。同时，新型生产关系的构建对于加快形成新发展格局、推动经济高质量发展更具有基础性支撑作用。新型生产关系不仅是对当前生产力与生产关系状况的深刻洞察与精准把脉，还是对全面深化改革面临的形势和任务的准确把握，更是面向未来，以高瞻远瞩的战略眼光，为绘制经济社会发展的长远制度蓝图提供科学布局与前瞻性指引。

从立足新发展阶段的角度分析，新型生产关系的提出，深刻反映了对中国改革的方向和目的的牢牢把握。面对人口众多、经济体量庞大的现实国情，在社会主义现代化建设的征途上，经济的高质量发展对先进生产力的需求愈发迫切。在传统要素驱动型生产力增长模式遭遇瓶颈之际，如何以创新为引领，构建新型生产关系，进而激发生产力深层次变革，已成为中国迈向经济高质量发展不可回避的时代课题。新型生产关系的构想，根植于全面建设社会主义现代化国家、迈向第二个百年奋斗目标的宏伟蓝图之中。它不仅是对旧有生产关系的超越，更是社会主义现代化优势的直接体现。通过优化资源配置，强化创新驱动，新型生产关系旨在促进生产力与生产关系的和谐共生，为共同富裕奠定坚实基础，同时引领人的全面发展和社会全面进步。在这一进程中,新型生产关系将注重平衡效率与公平,确保发展成果惠及全体人民,实现经济社会的可持续繁荣。需要看到的是,新型生产关系本身不仅是经济层面的深刻变革,更是立足于社会制度、文化观念等多方面的综合创新,这毫无疑问将为中国在全球经济格局中占据更有利位置提供强大支撑。

从贯彻新发展理念的视角审视,新型生产关系的建设是对新发展理念的实践彰显。创新,作为发展的首要引擎,需被置于国家发展战略的核心,以驱动科技创新与产业创新的深度融合,持续催生新兴生产力。新型生产关系的倡导,核心在于凸显创新在生产力进步中的驱动作用,是对创新发展的落地与坚持。在此过程中,新型生产关系的构建应聚焦于破解发展不平衡难题,通过精细调控生产、分配、交换、消费等关键环节,促进区域均衡发展,引领产业升级与经济结构优化,深植协调发展理念。同时,新型生产关系强调人与自然和谐共生的原则,倡导资源节约型与环境友好型的生产模式,加速经济社会的绿色转型步伐,不断推进生态文明建设,彰显绿色发展理念的精髓。在全球经济一体化的浪潮中,新型生产关系的提出,旨在推动中国更高水平对外开放,拓展开放型经济新体制,于开放中强化经济安全防线,践行开放发展理念。尤为重要的是，新型生产关系秉持以人民为中心的发展逻辑，致力于实现发展成果的全民共享，通过改革收入分配体系，为共同富裕奠定坚实基础，这既是对共享发展理念的深刻践行，也是社会主义本质的集中体现。

从加速构建新发展格局的战略视角出发，新型生产关系正是其坚实支柱与动力源泉。鉴于当前国际循环动能趋于疲软，而国内循环则展现出蓬勃生机，加之国际政治经济环境复杂多变，摩擦加剧与不确定性激增，我们更应依托全国统一大市场的制度优势，精准施策，攻克国内经济循环中的梗阻，确保循环体系高效顺畅。新型生产关系的构建，是深化供给侧结构性改革、优化产业结构、提升产业链现代化水平的必然要求，也是促进区域协调发展、推动绿色低碳转型的关键路径。这些举措旨在强化国内大循环的内生动力与稳定性，同时提升其对国际大循环的引领力与辐射力，形成内外循环相互促进的新发展格局。通过疏通国内循环的"经络"，新型生产关系将激发市场主体的活力与创造力，增强国内市场的韧性与潜力。在此基础上，我们还应秉持开放合作理念，以更高水平的对外开放，吸引国际资源，拓展国际市场，从而在全球价值链中占据更加有利的位置。如此，不仅能促进国内国际双循环的深度融合与良性互动，还能为中国经济高质量发展开辟更为广阔的空间与前景。

新型生产关系的提出，有利于加速推进经济高质量发展步伐。其构建旨在破除不适应新质生产力发展的体制机制障碍，持续完善社会主义基本经济制度提升中国价值链的地位与影响力，为构建高水平社会主义市场经济体制奠定坚实基础。具体而言，就是要促进生产、分配、交换、消费高效协同，不断优化资源配置组合，为新质生产力的发展持续注入新动力。在此过程中，必须尊重市场客观规律，同时强化创新这一核心驱动力，深度融合科技创新与实体经济，催生更多有效的经济高质量增长点。通过构建新型生产关系，不仅能够激发激活经济内在潜能，还能助推中国在高强度的全球经济竞争中占据更大规模优势，持续推动经济结构实现优化升级，为经济高质量发展奠定坚实基础，进而助力国家经济现代化建设迈上新台阶。

二 实践意义

新型生产关系具有极其深远的实践意义。建设新型生产关系旨在持续优化社会主义基本经济制度，为构建高水平社会主义市场经济体制奠定坚实基础，更是推动国家治理体系和治理能力现代化的关键一环。通过新型生产关系的实践，我们能够更有效地配置资源，激发市场活力，促进经济高质量发展。同时，这也将促进政府与市场关系的和谐共生，这一过程不仅关乎经济体制的革新与完善，更有利于提升国家治理的科学性、民主性和法治化水平，为全面建设社会主义现代化国家提供有力支撑和关键保障。

(一) 有利于持续完善社会主义基本经济制度

社会主义基本经济制度是中国特色社会主义制度的重要支柱。具体而言，其包括公有制为主体、多种所有制经济共同发展，按劳分配为主体、多种分配方式并存，以及社会主义市场经济体制等多个方面。这一制度体现了社会主义制度的优越性，并且与中国社会主义初级阶段的生产力发展水平相适应。不难理解的是，形成新型生产关系，就是在坚持社会主义生产关系重大原则、坚持和发展社会主义基本经济制度的基础上，根据新质生产力的发展要求对生产关系进行完善和提升。

新型生产关系有利于推动社会主义所有制的完善与发展。社会主义所有制作为社会主义经济制度的坚实基石，不仅界定了生产资料的社会主义性质，还深刻影响着其使用方式。新型生产关系的形成正是对社会主义所有制内涵的丰富与拓展，旨在适应并不断推动新质生产力的发展。新质生产力的快速发展，极大地拓宽了生产要素的范畴。一方面，高水平创新人才的涌现，不断推动劳动者整体素质的提升，为生产力发展注入强大动力；另一方面，新型劳动工具的广泛应用，加速了生产资料的更新换代与规模化发展，提高了生产效率。同时，现代技术的飞速发展，更是使得劳动对象呈现出虚拟化、延展化的新特征，进一步模糊了传统生产要素的边界。尤为值得关注的是，数据作为新质生产力发展中的重要新兴要素，以其非竞争性、非排他性和强渗透性，正逐步成为推动经济社会发展的新引擎。在这一背景下，要在新型生产关系中继续坚持和实现社会主义所有制，特别是公有制的实现形式，必须与时俱进，以确保生产资料的合理利用和生产力的持续快速发展。

新型生产关系有利于推动社会主义分配制度的完善。社会主义分配制度是建立在社会主义生产资料公有制基础上的，其目的是实现社会公平和共同富裕。为适应新质生产力的发展，新型生产关系要与社会主义分配制度相匹配，确保分配的公平性和合理性，使得分配结果能够反映劳动者的贡献，并促进社会的和谐稳定。在新型生产关系下，收入分配基础性制度将更加注重效率与公平的统一，通过初次分配、再分配、第三次分配等多个环节，实现收入分配的合理化和公平化。此外，新型生产关系还将进一步强调劳动者在生产过程中的主体地位，以及劳动、资本、土地、数据等生产要素在分配中的作用。这意味着在新型生产关系下，分配制度将更加注重劳动者的劳动成果和生产要素的实际贡献，推动形成更加公正合理的分配秩序。新型生产关系与社会主义分配制度之间,存在着相辅相成、相互促进的紧密关系。前者为后者注入了新的活力与发展方向,而后者则为前者的稳定运行与持续优化提供了坚实的制度保障。新型生产关系的形成有助于实现社会公平正义,促进社会和谐稳定,这也是社会主义分配制度的重要目标之一,二者携手并进,共同推动着社会主义现代化建设的进程,向着全体人民共同富裕的伟大目标稳步迈进。

新型生产关系的建设有利于推动构建高水平社会主义市场经济体制。新型生产关系与高水平社会主义市场经济体制的构建紧密相连、相辅相成。在坚守社会主义基本经济制度基石上,构建该体制的核心在于深化市场决定性作用的发挥,同时精准定位政府角色,以有效矫正市场失灵,通过坚持有效市场和有为政府双重路径来充分而全面地激活社会创新潜能与内生增长动力。在此过程中,新型生产关系不仅是对既有发展路径的深化拓展,更是对市场经济体制内在逻辑的丰富与完善,它不仅能够促进资源实现更高效的配置组合与利用效率,还能够确保经济运行的稳健与活力,进而为社会主义市场经济的高质量发展注入新的动力源泉。

新型生产关系的构建与完善,核心在于强化产权制度的基石作用。通过全面加强产权与知识产权的法治保护,我们致力于营造一个公平、透明、可预期的法治环境，确保各种所有制经济的产权均能依法得到平等且持久的保障。同时，全面完善产权、市场准入、公平竞争等制度，筑牢社会主义市场经济有效运行的体制基础，此举不仅增强了各类市场经营主体的安全感与归属感，更为其提供了稳定的发展预期，从而极大地激发了全社会的创新热情与发展动力。在此基础上，推进要素市场化配置改革成为最为关键的一环。新型生产关系致力于实现要素价格由市场决定，促进要素流动自主有序，确保资源配置高效且公平。具体而言，要不断加快构建城乡统一的建设用地市场，打破地域与制度壁垒，促进土地资源的高效利用。同时，积极探索农村宅基地"三权分置"制度，即所有权、承包权、经营权分置并行，以此激活农村沉睡资产，释放农村发展潜力，为城乡融合发展与乡村振兴注入强劲动力。这一系列改革举措，旨在构建更加灵活高效的高标准市场体系，既为新型生产关系的稳固与发展奠定坚实基础，又是有力构建高水平社会主义市场经济体制的必经之路。

　　新型生产关系以创新与质量为核心理念，与高水平社会主义市场经济体制所追求的高质量发展目标不谋而合，二者携手并进，共同驱动经济社会经历深刻的质量变革、效率变革、动力变革。在这一进程中，新型生产关系成为建设高标准市场体系的强大引擎。通过创新政府管理与服务模式，新型生产关系能够不断优化宏观经济治理体系，构建更加高效协调的宏观调控新机制，确保精准施策、政策有效传导。同时，新型生产关系要求加快现代财税制度的建立，强化货币政策、宏观审慎政策及金融监管的协同配合，也能够为市场营造稳定而可预期的宏观环境。新型生产关系的快速构建，不仅加速了高水平社会主义市场经济体制的成熟定型，更为中国在全球经济舞台上的竞争增添了新优势。它不仅提升了中国经济的内在韧性与活力，还显著增强了中国在全球经济治理体系中的话语权与影响力，为中国乃至世界的可持续发展贡献了中国智慧与中国方案。

（二）有利于切实推动国家治理体系和治理能力现代化

新型生产关系是新质生产力发展的必然要求，也是国家治理体系和治理能力现代化的重要内容。新型生产关系是指适应新质生产力发展的全新形态的生产、分配、流通、消费方式，而国家治理体系和治理能力现代化是指通过改革和完善制度，提高国家治理效能，实现国家长治久安和社会和谐稳定。国家治理体系和治理能力的现代化，本质上是对既有制度框架的革新与强化，旨在通过制度层面的优化升级，提升国家应对复杂挑战的能力，确保国家的长期繁荣与社会的和谐稳定。在这一进程中，新型生产关系扮演着至关重要的角色，它不仅为现代化治理提供了坚实的物质基础与经济支撑，通过优化生产要素配置、提升全要素生产率，直接驱动经济向高质量发展阶段迈进，间接促进了国家治理效能的显著提升。

具体而言，新型生产关系通过市场机制的创新与完善，有效激发市场主体的活力与创造力，鼓励各类经营主体在公平竞争的环境中积极探索、勇于创新，从而形成了强大的内生增长动力。这种动力不仅推动了经济的持续增长，更为社会治理注入了新的活力，促进了共建共治共享的社会治理格局的形成，显著提升了社会治理的效能与公众的参与度。进一步而言，新型生产关系与国家治理体系和治理能力的现代化之间存在着紧密的相互促进关系。一方面，新型生产关系的构建与发展需要国家治理体系的支持与保障，通过全面深化改革，破除束缚新质生产力发展的体制机制障碍，为新型生产关系的顺利运行创造有利条件；另一方面，新型生产关系的成功实践又为国家治理体系的完善提供了宝贵的经验与启示，推动了国家治理能力的不断提升。

在全球化的时代背景下，新型生产关系更是成为提升国家国际竞争力、促进国内国际双循环、增强国家在全球治理中话语权的关键力量。它要求我们在坚持开放合作的基础上，积极融入全球经济体系,加强与国际社会的交流合作,共同应对全球性挑战,推动构建人类命运共同体。新型生产关系不仅是新质生产力发展的必然产物,更是国家治理体系和治理能力现代化的重要推动力。通过持续优化新型生产关系,我们可以为国家的长远发展奠定坚实基础,为社会的和谐稳定提供有力保障,为全球治理贡献中国智慧与中国方案。

三　历史意义

(一) 全面建成社会主义现代化强国的必经之路

建设新型生产关系是全面建成现代化强国的关键所在。新质生产力的兴起,不仅是现代先进技术革命的产物,也是适应新时代经济社会发展需要的必然选择,更是夯实全面建设社会主义现代化国家物质技术基础的重要举措。因此,此时提出新质生产力是提纲挈领,凝聚中国式现代化经济建设工作共识的必要步骤。而此时建设起与之相适应的新型生产关系既是新质生产力不断发展的必然要求,更是社会主义现代化强国建设的重要内容,新型生产关系的构建对于推动经济高质量发展、促进社会公平正义、提升国家治理效能都具有重要的意义。建设与新质生产力相适应的新型生产关系无疑将为中国式现代化建设贡献强大的内生动力,引领中国社会经济持续健康发展,助力实现中华民族伟大复兴。

新型生产关系能够从激励创新发展、优化产业结构和促进市场公平竞争等方面来促进经济高质量发展。首先，新型生产关系鼓励技术创新和研发投入，通过优化知识产权保护和科技成果转化机制，激发企业和研究机构的创新活力。这促进了新技术、新产品和新业态的涌现，提高了全要素生产率，为经济高质量发展提供了源源不断的动力。其次，新型生产关系通过市场机制和政策引导，促进资源向高效率、高附加值的产业和领域集中，推动产业结构升级。这包括支持战略性新兴产业发展，加快传统产业的数字化、智能化改造，以及培育绿色低碳产业，从而实现经济发展方式的转变。最后，新型生产关系强调公平竞争的市场环境，通过完善反垄断法规和市场监管体系，防止市场滥用和不公平竞争行为，确保各类市场主体平等获取资源和机会。这有助于提高市场效率，促进优胜劣汰，推动经济实现高质量发展。事实上，无论是提振市场主体信心、改善市场结构以及稳定经济发展，抑或是在未来经济发展过程中赢得国际竞争战略主动权和经济自主权，都必须通过建设新型生产关系来实现。

新型生产关系能够从分配和发展两侧共同促进社会公平正义。通过优化分配制度，提高劳动报酬在初次分配中的比重，确保劳动者能够获得与其贡献相匹配的收入。同时，通过税收、社会保障等再分配手段，调节收入差距，保障弱势群体的基本生活，实现财富的合理分配，从而推动社会公平正义。新型生产关系打破了传统的行业壁垒和地域限制，为各类市场主体提供了平等的发展机会。通过完善市场准入规则和公平竞争政策，无论是国有企业、民营企业还是外资企业，都能在公平的市场环境中竞争和发展。这种平等的发展空间有助于激发社会活力，促进社会阶层的流动性，促进社会公平正义。

新型生产关系能够充分提升国家治理效能。在新型生产关系的建立健全过程中必须始终贯彻坚持全面依法治国，确保所有经济活动都在法治轨道上运行。通过完善产权保护、合同执行、公平竞争等方面的法律法规，为市场经济的健康发展提供法治保障。这有助于规范市场秩序，减少交易成本，提高经济效益，从而增强国家治理的规范性和有效性。同时，新型生产关系要求政府更加注重宏观经济政策的精准性和有效性。政府通过科学决策和精准施策，优化资源配置，引导产业升级，促进创新驱动发展。此外，新型生产关系也鼓励政府利用大数据、云计算等现代信息技术手段，提高政策制定和执行的透明度与响应速度，增强国家治理的灵活性和适应性，进而充分提高政策效率。

（二）把握促进社会全面发展的历史契机

新型生产关系之所以成为促进社会全面进步的历史契机，缘于其深刻改变了社会经济的运行模式与逻辑，为全方位的社会进步注入了强大动力。从人类社会发展的宏观视角审视，社会本质上是由错综复杂的关系网络交织而成，其中生产关系作为经济基础的核心要素，直接决定了上层建筑的形态与发展方向。新型生产关系通过精准识别并革新社会经济结构中的滞后元素，不仅促进了生产力的飞跃性提升，还引领了生产方式的根本性变革。这一过程犹如催化剂，加速了社会结构的优化调整，为政治制度、文化形态、社会治理乃至生态文明建设等上层建筑领域的全面进步铺设了道路。

更为重要的是，新型生产关系体现了社会主义以改革创新为根本动力的精神内核。加快形成新质生产力，不仅是经济发展的核心命题，更是深化改革的关键命题，这是相互关联、相互融合的关系。必须坚持创新驱动发展战略，以新质生产力为战略着力点，不断积极优化调整新型生产关系，深入推动体制机制变革，以改革创新为中国经济发展注入源源动力。它勇于突破传统框架的束缚，以开放包容的姿态吸纳先进理念与技术，不断激发社会创造力和发展潜力。这种内生性的增长动力，是推动社会全面进步不可或缺的关键力量，它确保了社会发展的连续性与可持续性，通过加强文化建设、社会治理和生态文明建设等方面的努力，推动社会各项事业协调发展，从而为人类社会的长远福祉开辟了广阔的前景。

随着新质生产力的迅猛崛起，其对劳动者的需求、角色定位及面临的挑战均发生了深刻变革，亟须构建与之契合的新型生产关系，其核心在于重塑劳动关系管理框架与健全社会保障体系。当前，全球范围内的劳动法律体系及传统健康保险、福利制度正面临前所未有的适应性挑战，难以充分响应新一轮科技革命和产业变革下劳动形态的多元化与复杂化。为此，需立足新型劳动者的职业新需求，探索构建一套集智能劳动规则、伦理规范于一体的综合性体系，旨在强化智能劳动环境的安全评估与动态监管能力。这要求我们不仅要审视并修订现有劳动管理法规，更需前瞻性地制定适应新生产力发展的规则与政策，为雇主与劳动者提供一套灵活、高效的劳动治理框架。具体而言，应围绕按需经济、弹性工作制及共享员工等新型就业模式，确立行业标准与职业规范，促进劳动力市场的透明化与规范化。同时，强化政府与企业间的协同合作，构建统一的劳动力市场信用体系，为劳动力的高效流动与优化配置提供坚实支撑。在社会保障层面，应打造具有高度灵活性、流动性的保障体系，特别是推动福利随迁机制的实施，确保劳动者在不同就业形态间转换时，其社会保障权益得以无缝衔接与持续保障，从而激发劳动力市场的活力与创造力，共筑社会和谐发展的新篇章。

综上所述，新型生产关系凭借其深刻的变革力、前瞻的引领力及强劲的推动力，不仅成为社会全面进步的加速器，更开启了人类社会在改革创新浪潮中向繁荣、公正与和谐迈进的崭新篇章。这一历史性契机，彰显了人类社会自我超越、不断进步的坚定信念与不懈追求，而这正是促进社会全面进步的关键历史契机。

（三）满足人民美好生活需要的重要制度保障

新型生产关系是新时代新征程上满足人民美好生活需要的根本保障。进入新时代，人民美好生活需要日益广泛，不仅对经济物质生活提出了更高要求，在文化生活和生态文明上都提出了新要求，需要通过发展新质生产力提供更多层次和更多维度的产品和服务。而新型生产关系之所以成为满足人民美好生活需要的根本保障，根源在于其能够深刻契合时代发展的要求，有力推动社会生产力的全面进步，进而为人民群众创造更加丰富的物质财富和精神文化享受。

新型生产关系在满足人民物质生活需要方面发挥着至关重要的作用。首先，新型生产关系将直接促进新质生产力发展，通过适应新质生产力的发展要求，不断深化经济体制改革，建立高标准市场体系，推动科技创新和产业升级，创新生产要素配置方式，确保各类先进优质生产要素向高效益领域流动，提高全要素生产率，进而提升经济整体效益，为物质生产提供更多支撑，为人民提供更多的物质财富。其次，新型生产关系注重构建劳动主体型的多种分配制度，确保劳动者在经济增长中能够获得更多收益。通过提高劳动报酬在初次分配中的比重，以及完善再分配机制，缩小收入差距，让发展成果更多更公平惠及全体人民。另外，加强对低收入群体的社会保障和救助力度，提高最低生活保障标准，确保其基本生活需求得到满足。同时，通过教育、就业等政策支持，帮助弱势群体提升自身发展能力，实现稳定脱贫和持续增收，进而保障弱势群体利益。最后，新型生产关系要求政府加大对新型基础设施建设的投入力度，提升交通、通信、能源等基础设施的现代化水平，为人民提供更加便捷、高效的生活服务。这也将进一步提高基本公共服务均等化水平，包括在教育、医疗、养老等领域推进基本公共服务均等化，确保人民能够享受到高质量的公共服务。通过加大财政投入、优化资源配置、提高服务质量等措施，不断满足人民日益增长的美好生活需要。

新型生产关系秉持全面发展理念，不仅关注经济发展，还注重社会全面进步。新型生产关系能够通过加强文化建设、社会治理和生态文明建设等方面的努力，推动社会各项事业协调发展。在文化建设方面，新型生产关系促进了文化产业的繁荣和发展，为人民提供了丰富的精神文化产品；在社会治理方面，新型生产关系推动了社会治理体系和治理能力现代化，提高了社会治理水平；至于生态文明建设，它高举绿色发展大旗，将人与自然和谐共生的理念融入发展脉络，促使生态文明建设取得积极成效，为人民群众铺设了一条通往绿色、低碳、可持续生活的康庄大道。这些多维度、深层次的努力，正在共同编织出一幅人民美好生活的新图景。

四 国际意义

（一）为发展中国家提供现代化道路的中国方案

中国式现代化作为世界现代化进程中的一个新范式，具有鲜明性、先进性、独特性等特征。而发展同新质生产力相适应的新型生产关系作为推动中国式现代化的重要基石，为发展中国家提供了一条独特的现代化道路——中国方案，这一方案不仅根植于中国的国情与实践，更蕴含了深刻的学理逻辑与广泛的国际意义。

首先，中国方案强调以全面深化改革为动力，构建与新质生产力相适应的新型生产关系实现"弯道超车"。不同于西方现代化传统的发展范式，发达国家走向现代化的历程，显著地遵循了一条由工业化奠基继而迈向信息化与智能化的清晰轨迹。这一进程深刻体现了生产力发展水平的自然演进与科技革命的依次突破之间的紧密逻辑关联。而与这一模式不同的是，当中国开始经济建设的时刻，世界已跨越了单一工业化的阶段，全面迈入了信息化与智能化并进的时代。在此背景下，中国的现代化进程展现出独特的路径与特征，它不再是简单的工业化复制，而是工业化、信息化与智能化深度融合、相互促进的现代化模式。因此，中国式现代化无须也不能遵循发达国家先工业化后信息化的传统路径，而是能够且应当并行不悖地推进工业化、信息化与智能化的协同发展。在此过程中，中国不仅致力于完成工业化的历史任务，提升制造业的竞争力与创新能力，更将信息化与智能化作为关键驱动力，深度融入工业化进程之中。通过深化经济体制、科技体制等关键领域的改革，中国致力于打破束缚生产力发展的体制机制障碍，激发市场活力和社会创造力。这一经验对于发展中国家而言，意味着在推进现代化的过程中，应重视制度创新与优化，确保生产关系与生产力发展相适应，为经济增长提供持续动力。

其次，中国方案强调人才是生产力中最活跃的因素，坚持教育强国、科技强国、人才强国建设一体推进。中国通过实施积极的人才政策，打造高水平人才高地和吸引集聚人才平台，为现代化建设提供了坚实的人才支撑。发展中国家在推进现代化的过程中，应高度重视人才培养和引进工作，建立完善的人才培养和激励机制，为经济社会发展提供源源不断的智力支持。相较之下，西方国家在人力资本建设上同样不遗余力，但其策略更侧重于利用市场机制与自由竞争法则，以经济激励为核心手段，吸引并留住全球顶尖人才。然而，这一模式也暴露出教育资源分配不均的显著弊端，精英教育与普及教育之间的鸿沟日益加深，导致社会阶层流动性受限，影响了整体社会的和谐与可持续发展。因此，对于广大发展中国家而言，在推进现代化征程中，应汲取现代化经验之精髓，抛弃既有发展模式之弊端，既要重视市场机制在人才资源配置中的积极作用，又要强化政府引导与政策支持，确保教育资源的公平分配与高效利用。通过构建完善的人才培养体系与激励机制，激发全社会创新创造活力，为经济社会发展注入源源不断的智力动能，实现人才强国与经济社会发展的良性互动与共赢。

最后，在构建新型生产关系的进程中还需要注重生态文明建设和绿色低碳发展，推动人与自然和谐共生。中国方案将"绿水青山就是金山银山"的理念深度融入现代化进程，致力于实现经济发展与环境保护的双赢。作为后发国家，中国深刻认识到西方"先污染后治理"老路的不可持续性，选择了一条绿色发展、生态优先的现代化新路径。具体而言，在追求经济增长的同时，需高度重视资源节约与循环利用，推广清洁能源与低碳技术，加强生态环境保护与修复工程，构建绿色、低碳、循环的现代产业体系和与之适应的新型生产关系。此外，还应强化生态文明教育与意识提升的制度体系，培养公众的生态伦理观念与绿色生活方式，形成全社会共同参与、共治共享的良好局面。唯有如此，方能确保现代化进程中的每一步都坚实而绿色，为子孙后代留下一个天蓝、地绿、水清的美好家园。这一选择不仅体现了对全球环境责任的担当，也为发展中国家树立了典范，提示它们应超越传统发展模式的束缚，将生态文明建设纳入国家发展战略的核心，实现经济发展与环境保护的深度融合。

综上所述，发展新型生产关系为发展中国家提供的现代化道路中国方案，是一个涵盖制度创新、人才培养和生态文明建设等多方面的综合性方案。中国方案不仅体现了中国自身的现代化实践成果和理论创新成果，更为广大发展中国家提供了可资借鉴的宝贵经验。未来，随着全球化和科技革命的深入发展，中国方案将继续发挥重要作用，为推动全球治理体系变革和人类文明进步贡献来自中国的智慧和力量。

（二）为社会主义国家生产关系现代化提供中国模式

东欧剧变和苏联解体宣告着20世纪世界社会主义运动陷入低谷，世界各国的社会主义者和左翼力量都开始反思20世纪世界社会主义运动，深入总结世界社会主义运动的历史经验，并立足本国具体实际，重新探索适合本国本地实际情况的社会主义革命和建设发展道路，寻找符合客观实际的、可以有效解决现实问题的新途径。中国特色社会主义的成功实践，有力地推动了当代世界社会主义运动。新型生产关系的提出，不仅是对传统生产关系的深刻变革，更是对社会主义制度优势与时代特征相结合的创新探索。这一模式，以其鲜明的中国特色、广泛的实践基础与深远的理论意义，正逐步成为引领社会主义国家生产关系现代化的典范。

首先，中国模式强调生产关系与生产力发展相适应。在社会主义制度下，中国坚持解放和发展社会生产力，通过不断调整和完善生产关系，以更好地适应并推动生产力的快速发展。在此过程中，中国既遵循了生产关系一定要适合生产力状况这一历史唯物主义基本原理，又紧密结合本国实际，创造性地提出了一系列符合国情的新型生产关系模式，如混合所有制经济、农村土地制度改革等，有效激发了各类生产要素的活力与潜力。

其次,中国模式注重公平与效率的有机统一。在新型生产关系的构建中,中国始终将实现社会公平正义作为重要目标,通过完善收入分配制度、加强社会保障体系建设等措施,努力缩小收入差距,促进社会和谐。同时,中国也高度重视效率问题,通过优化资源配置、提升创新能力等方式,不断提高经济发展的质量和效益。这种既讲公平又重效率的生产关系模式,为社会主义国家实现高质量发展提供了有力支撑。

最后,中国模式强调有为政府与有效市场的协同作用。在新型生产关系的构建过程中,中国既充分发挥市场在资源配置中的决定性作用,通过价格机制、竞争机制等市场机制引导资源向高效益领域流动;又注重加强政府宏观调控和政策引导,通过制定产业发展规划、实施创新驱动发展战略等措施,为经济发展提供有力保障。这种政府与市场协同作用的生产关系模式,既保证了经济发展的活力与效率,又有效避免了资本主义发展当中市场失灵和计划经济下存在的政府干预过度问题。

综上所述,发展新型生产关系的中国模式,以其独特的理论与实践创新,正逐步成为社会主义国家生产关系现代化的重要路径和示范样板。这一模式的成功实践,不仅为中国自身的发展注入了强劲动力,也为世界社会主义运动提供了新的启示和借鉴。

（三）为全球提供应对新一轮科技革命和产业变革的中国智慧

在当今世界，我们正站在一个历史性的转折点上，面对的是百年未有之大变局。数字化浪潮如潮水般汹涌而来，席卷全球每一个角落，传统产业在数字化、智能化的浪潮中加速转型，这一趋势不仅不可逆转，更是时代发展的必然结果。回顾历史，每一次工业革命的浪潮都是由科学技术领域的重大突破所引领，进而彻底重塑了人类社会的生产方式与生活面貌。当前，我们正处于新一轮科技革命和产业变革的浪潮中，一系列前沿技术——包括人工智能的蓬勃兴起、新材料技术的日新月异、分子工程与石墨烯的突破性进展、虚拟现实与量子信息技术的无限遐想、可控核聚变技术的曙光初现、清洁能源的广泛应用，以及生物技术的飞速跃进——正携手构建起新一轮科技革命和产业变革的宏伟蓝图。这些技术突破不仅是单一领域的革新，更相互交织、深度融合，共同推动着全球产业结构的深刻变革。在此背景下，新质生产力的概念应运而生，它深刻反映了科技革命和产业变革加速融合的全球趋势。信息化、网络化、智能化的深度融合，已成为新时代最鲜明的特征，它们如同"三驾马车"，驱动着生产方式向更高效、更智能、更绿色的方向迈进。传统的生产模式正被新型生产模式所取代,这种取代不仅仅是技术的升级,更是生产关系的深刻调整与优化。

新型生产关系的前瞻性布局体现着中国智慧。面对科技革命和产业变革的汹涌浪潮,中国政府高瞻远瞩,通过制定一系列战略规划与政策措施,引导生产关系向更加灵活、高效、包容的方向调整。这包括但不限于推动数字经济与实体经济深度融合,优化产业结构布局,促进产业链、供应链现代化,以及加强知识产权保护与创新激励等,为新型生产关系的形成与发展奠定了坚实基础。

对生产关系变革的深刻理解与精准施策彰显着中国智慧。中国深刻认识到,新型生产关系的构建不是对传统生产关系的简单否定,而是在继承与发展基础上的创新。因此,在推动生产关系变革的过程中,中国既注重发挥市场在资源配置中的决定性作用,又强调政府的宏观调控与引导作用,确保生产关系的变革能够顺应新一轮科技革命和产业变革这一时代潮流,符合人民利益。同时,中国还积极探索建立更加公平合理的收入分配机制,促进共同富裕,力争让发展成果更多更公平惠及全体人民。

新质生产力与新型生产关系的结合,如同双轮驱动,释放出前所未有的强大动能。它们不仅促进了社会生产力的整体飞跃，更在推动社会形态、经济结构、就业方式等多个维度发生根本性变革。因此，我们必须深刻把握这一历史机遇，积极应对挑战，加快构建适应新时代要求的生产关系，以创新驱动引领高质量发展，共同开创人类社会更加美好的未来。

第二章 是什么?——新型生产关系的理论内涵

一　理论渊源

要探寻新型生产关系的理论内涵，首先要追溯其产生的历史背景、理论前提和逻辑演进，把握历史必然性和现实合理性。生产关系属于马克思历史唯物主义的重要概念范畴，马克思主义生产关系理论构成新型生产关系的理论基石与起源，马克思生产力与生产关系的经典理论也构成新时代全面深化改革以构建并完善新型生产关系的重要抓手。马克思之后，众多学者将马克思、恩格斯的经典生产关系理论与当时的社会历史现状相结合，进一步丰富发展了生产关系理论，构成新型生产关系的重要来源。进入新时代，中国社会历史条件发生极大转变，针对实践中的新问题与新挑战，中国也形成了很多生产关系的创新，这是应对时代挑战的经验总结，也是针对传统生产关系的重要创新，构成系统性新型生产关系框架的理论前导。本章通过分析新型生产关系的理论渊源，既能够初步揭示生产关系发展的内在逻辑关系和发展规律，从这些理论渊源中汲取营养，理解它们如何为新型生产关系的提出提供了理论基础和思想资源，又能够从这一实践探索到理论创新的过程中学习构建新型生产关系理论分析的方法论与着力点，有助于更准确地把握当前社会经济发展的趋势和规律，为制定科学合理的经济政策提供理论依据，推动生产关系的不断完善和发展。

（一）马克思主义生产关系理论构成新型生产关系的理论基石

马克思主义对生产关系的定义、作用和构成等进行了阐释，并结合生产力与生产关系的互动探究生产关系的发展进程，形成了系统的生产关系理论，为后续生产关系的发展以及新型生产关系的建立提供了理论基石。

马克思指出，生产表现为双重关系，"一方面是自然关系，另一方面是社会关系"，[1] 生产过程中人们表现出来的社会关系和利益关系就是生产关系，其具体化为生产方式与经济制度，是"人们在自己生活的社会生产中发生一定的、必然的、不以他们的意志为转移的关系，即同他们的物质生产力的

---

[1] 《马克思恩格斯选集》第一卷，人民出版社2012年版，第160页。

一定发展阶段相适合的生产关系"。①生产关系是由生产力决定的，同时，生产的进行也依赖于生产关系的构建，"为了进行生产，人们相互之间便发生一定的联系和关系"。②因此，生产关系构成马克思主义政治经济学的主要研究对象，在马克思主义理论体系中占据重要地位。作为一种经济利益关系，生产关系形成了以生产资料所有制形式、人们在生产过程中的地位及相互关系以及产品的分配方式为主要内容的理论框架。生产资料所有制形式是基本的、决定的方面，"生产者相互发生的这些社会关系，他们借以互相交换其活动和参与全部生产活动的条件，当然依照生产资料的性质而有所不同"。③生产资料作为社会最基本的经济资源之一，谁控制了生产资料，谁就控制了包括生产、分配、交换、消费的生产环节。④因此，生产关系也是在社会生产、交换、分配、消费的过程中建立起来的经济关系。马克思在《〈政治经济学批判〉导言》中指出，生产关系包括人们在生产、交换、分配和消费等方面的关系，

---

① 《马克思恩格斯选集》第二卷，人民出版社2012年版，第2页。
② 《马克思恩格斯选集》第一卷，人民出版社2012年版，第340页。
③ 《马克思恩格斯选集》第一卷，人民出版社2012年版，第340页。
④ 张宇：《中国特色社会主义政治经济学》，中国人民大学出版社2016年版，第58页。

"它构成一个总体的各个环节，一个统一体内部的差别"。① 在这四个环节之间，生产起到主导作用，"一定的生产决定一定的消费、分配、交换和这些不同要素相互间的一定关系"。② 同时，其他环节与生产密切联系，消费从在消费中产品才成为现实的产品以及消费创造新的生产需要两个方面生产着生产。③ 生产前的分配存在于生产过程中并决定生产的结构，后续产品的分配是生产结果的分配。④ "交换只是生产和由生产决定的分配一方同消费一方之间的中介要素，而消费本身又表现为生产的一个要素，交换显然也就作为生产的要素包含在生产之内。"⑤ 因此，四个环节之间相互联系且紧密相关，"生产表现为起点，消费表现为终点，分配和交换表现为中间环节"。⑥ 四个环节之间顺利结合与运转推动生产关系的发展，构成生产关系的重要组成部分。

马克思主义注重从生产力与生产关系的互动中考察生产关系的发展与变化，二者的矛盾运动是推动社会历史向前演进的

---

① 《马克思恩格斯选集》第二卷，人民出版社 2012 年版，第 699 页。
② 《马克思恩格斯选集》第二卷，人民出版社 2012 年版，第 699 页。
③ 《马克思恩格斯选集》第二卷，人民出版社 2012 年版，第 691 页。
④ 《马克思恩格斯选集》第二卷，人民出版社 2012 年版，第 696 页。
⑤ 《马克思恩格斯选集》第二卷，人民出版社 2012 年版，第 698 页。
⑥ 《马克思恩格斯选集》第二卷，人民出版社 2012 年版，第 689 页。

核心动力。一方面,生产力决定生产关系,新的生产力的出现必然引发生产关系的变革,正如马克思所指出的:"人们借以进行生产、消费和交换的经济形式是暂时的和历史性的形式。随着新的生产力的获得,人们便改变自己的生产方式,而随着生产方式的改变,他们便改变所有不过是这一特定生产方式的必然关系的经济关系。"①另一方面,生产关系反作用于生产力的发展,生产关系不能长期落后或是超前于生产力的发展,需要根据生产力的发展调整生产关系设计,以进一步推动生产力的发展。需要注意的是,生产关系的发展是相对稳定的,"无论哪一个社会形态,在它所能容纳的全部生产力发挥出来以前,是决不会灭亡的;而新的更高的生产关系,在它的物质存在条件在旧社会的胎胞里成熟以前,是决不会出现的"。②生产关系的调整也并非一蹴而就的过程。

马克思主义明晰了生产关系的基本概念与范围以及发展规律,为新型生产关系打好理论基础的同时,也为新时代全面深化改革,加快形成同新质生产力更相适应的生产关系提供了理论遵循,构成新型生产关系的重要理论基础。

---

① 《马克思恩格斯选集》第四卷,人民出版社2012年版,第410页。
② 《马克思恩格斯选集》第二卷,人民出版社2012年版,第3页。

(二) 生产关系理论历史探索构成新型生产关系的重要来源

自马克思、恩格斯奠定了生产关系理论的基础以来，马克思主义理论家在不同历史阶段和具体国情下，对生产关系理论进行了深入的发展与创新，这些理论成果不仅丰富了马克思主义政治经济学的内容，也为构建新型生产关系提供了重要的理论思想来源。

列宁和斯大林作为马克思主义的重要代表，在批判修正主义的过程中，进一步巩固和发展了生产关系理论。列宁肯定了马克思关于"从社会生活的各个领域中划分出经济领域，从一切社会关系中划分出生产关系，即决定其余一切关系的基本的原始的关系"的理论，[1]并强调生产关系不仅是经济领域的基础，更是决定其他社会关系的关键因素。这一观点为后来的社会主义生产关系研究奠定了方法论基础。斯大林在继承列宁思想的基础上，详细论述了生产关系与生产力之间的矛盾关系，指出生产关系与生产力性质相适应的重要性，"新生产关系是这样一种主要的和有决定性的力量，正是它决定生产力进一步的而且是强大的发展，没有这种新的生产关系，生产力就

---

[1] 《列宁选集》第一卷，人民出版社2012年版，第6页。

注定要萎缩下去，如象现在资本主义国家中的情形一样"。①新的生产关系对于生产力具有决定性作用，是生产力发展的主要推进者。而"新的生产关系不可能永远是新的，而且也不永远是新的，它开始变旧，并和生产力的进一步发展发生矛盾，它开始失去其为生产力的主要推进者的作用，变成生产力的阻碍者。那时候，就出现新生产关系来代替这种已经变旧了的生产关系，新生产关系的作用就是充当生产力进一步发展的主要推进者"。② 这一观点深刻揭示了生产关系在社会历史中的双重作用，即既是束缚也是推动力量，为理解生产关系的动态变化提供了重要视角。

毛泽东在总结中国社会主义建设经验的基础上，创造性地提出了社会主义社会基本矛盾理论。毛泽东明确指出，"在社会主义社会中，基本的矛盾仍然是生产关系和生产力之间的矛盾，上层建筑和经济基础之间的矛盾"，③ 而"矛盾仍然是社会运动发展的动力"。④ 这一理论不仅丰富了马克思主义关于社会基本矛盾的认识，也为中国的社会主义改革提供了理论依

---

① 《斯大林选集》下，人民出版社1979年版，第585页。
② 《斯大林选集》下，人民出版社1979年版，第585页。
③ 《毛泽东文集》第七卷，人民出版社1999年版，第214页。
④ 《毛泽东文集》第八卷，人民出版社1999年版，第133页。

据。毛泽东强调,"生产关系的革命,是生产力的一定发展所引起的。但是,生产力的大发展,总是在生产关系改变以后"。① 社会主义社会的生产关系和上层建筑还不完善,需要改革来发展完善,这一思想为中国后来的改革开放奠定了理论基础,也为新型生产关系的构建提供了重要启示。邓小平作为中国改革开放的开创者,深刻认识到改革对于解放和发展生产力的关键作用。邓小平指出,社会主义基本制度确立后,还需要通过改革来完善和发展社会主义生产关系,以适应生产力的发展要求。邓小平强调,"改革是社会主义制度的自我完善",② 其目的是解放和发展生产力。邓小平提出了"三个有利于"的判断标准,即"是否有利于发展社会主义社会的生产力,是否有利于增强社会主义国家的综合国力,是否有利于提高人民的生活水平"。③ 根据生产力标准改革社会生产关系,不仅为改革提供了明确的方向和动力,也为新型生产关系的构建提供了实践指导。江泽民提出"三个代表"重要思想,指出"党必须始终代表中国先进生产力的发展要求"。④ 江泽民

---

① 《毛泽东文集》第八卷,人民出版社 1999 年版,第 132 页。
② 《邓小平文选》第三卷,人民出版社 1993 年版,第 142 页。
③ 《邓小平文选》第三卷,人民出版社 1993 年版,第 372 页。
④ 《江泽民文选》第三卷,人民出版社 2006 年版,第 536 页。

指出："社会主义社会的各个历史阶段，都需要根据经济社会发展的要求，适时地通过改革不断推进社会主义制度自我完善和发展，这样才能使社会主义制度充满生机和活力。"① 不断变革生产关系以适应生产力发展，不仅为进一步改革强化了理论基础，更为新型生产关系构建扎实了理论根基。胡锦涛进一步发展了生产关系理论，提出"科学发展观"。② 这是立足社会主义初级阶段基本国情，总结中国发展实践，借鉴国外发展经验，适应新的发展要求提出来的。要"强调认清社会主义初级阶段基本国情，不是要妄自菲薄、自甘落后，也不是要脱离实际、急于求成，而是要坚持把它作为推进改革、谋划发展的根本依据"。③ 为发展新型生产关系提供了切实的实践指导。进入新发展阶段，以习近平同志为核心的党中央进一步推动全面深化改革，不断变革生产关系以适应生产力发展。随着新质生产力的不断发展，习近平总书记提出要构建与新质生产力相适应的新型生产关系，强调："发展新质生产力，必须进一步全面深化改革，形成与之相适应的新型生产关系。"④ 这为加

---

① 《江泽民文选》第三卷，人民出版社 2006 年版，第 274 页。
② 《胡锦涛文选》第二卷，人民出版社 2016 年版，第 104 页。
③ 《胡锦涛文选》第二卷，人民出版社 2016 年版，第 623 页。
④ 《发展新质生产力是推动高质量发展的内在要求和重要着力点》，《求是》2024 年第 11 期。

快培育和发展新质生产力、推动高质量发展提供有力理论支撑和智力支持，为构建新型生产关系提供了前进方向。

马克思主义理论家对于生产关系理论的发展与创新为构建新型生产关系提供了丰富的理论来源和实践指导。其理论成果不仅深化了对生产关系与生产力相互作用规律的认识，也为在新的历史条件下推动社会主义生产关系的完善和发展提供了宝贵的思想武器。

（三）新时代生产关系创新构成新型生产关系的理论前导

进入新时代，中国面临着前所未有的发展机遇与挑战，以习近平同志为核心的党中央高度重视社会主要矛盾的转变和发展，以全面深化改革作为推动经济社会发展的强大动力，从生产关系与生产力的互动层面不断推动生产关系的局部调整，在生产关系理论上实现了创新与发展，为全面建设社会主义现代化国家提供了坚实的理论支撑，为新时代生产关系理论的创新与新型生产关系的系统构建指明了方向。

2013年12月，习近平总书记在十八届中央政治局第十一次集体学习时强调："我们提出进行全面深化改革，就是要适应我国社会基本矛盾运动的变化来推进社会发展……社会基本矛盾总是不断发展的，所以调整生产关系、完善上层建筑需要相应地不断进行下去……改革开放只有进行时、没有完成时。

这是历史唯物主义态度。"① 掌握社会基本矛盾规律是全面深化改革的理论基础，是把握新型生产关系构建的理论前提。党的十九大报告指出，"中国特色社会主义进入新时代，我国社会主要矛盾已经转化为人民日益增长的美好生活需要和不平衡不充分的发展之间的矛盾"。② 社会主要矛盾的变化是关系全局的历史性变化，对党和国家工作提出了许多新要求，是生产关系转变方向的理论基石。

同时，习近平总书记也明确了改革是适应社会主要矛盾变化，实现生产关系转变的主要抓手。"实现新时代新征程的目标任务，要把全面深化改革作为推进中国式现代化的根本动力"，③ "改革开放是党和人民事业大踏步赶上时代的重要法宝"，④ "是贯彻新发展理念、更好适应我国社会主要矛盾变化的必然要求"。⑤ 习近平总书记以社会基本矛盾理论为基石，

---

① 中共中央文献研究室编：《习近平关于协调推进"四个全面"战略布局论述摘编》，中央文献出版社 2015 年版，第 74、75 页。
② 习近平：《决胜全面建成小康社会 夺取新时代中国特色社会主义伟大胜利——在中国共产党第十九次全国代表大会上的报告》，人民出版社 2017 年版，第 11 页。
③ 《将新时代改革开放进行到底——从七十二次中央深改委（领导小组）会议谈懂习近平的改革之道》，《人民日报》2024 年 7 月 16 日第 3 版。
④ 《中共中央关于进一步全面深化改革 推进中国式现代化的决定》，人民出版社 2024 年版，第 1 页。
⑤ 《中共中央关于进一步全面深化改革 推进中国式现代化的决定》，人民出版社 2024 年版，第 3 页。

以改革为主要手段，结合新时代发展特征与时代背景，不断推动生产关系革新。创新、协调、绿色、开放、共享的新发展理念的提出集中反映了对新时代发展规律的新认识，推动经济发展质量变革、效率变革、动力变革。随着科技革命的深入发展，新质生产力不断涌现，对生产关系提出了更高要求。要着力解决制约高质量发展的主要矛盾，"加快形成以创新为主要引领和支撑的经济体系和发展模式"，① 揭示了新时代生产力和生产关系互动的新特点。在此背景下，中国不断深化供给侧结构性改革，通过优化产业结构、提升产业链水平、加强创新驱动等措施，推动新质生产力的培育和发展。面对这种新情况，习近平总书记在主持二十届中央政治局第十一次集体学习时指出，"生产关系必须与生产力发展要求相适应。发展新质生产力，必须进一步全面深化改革，形成与之相适应的新型生产关系"，② 党的二十届三中全会再次指出，要"健全因地制宜发展新质生产力体制机制"，③ 科学回答了中国经济发展新

---

① 中共中央文献研究室编：《习近平关于科技创新论述摘编》，中央文献出版社2016年版，第8页。
② 习近平：《发展新质生产力是推动高质量发展的内在要求和重要着力点》，《求是》2024年第11期。
③ 《中共中央关于进一步全面深化改革 推进中国式现代化的决定》，人民出版社2024年版，第10页。

变化和新问题在生产关系上的应对与创新方向。

新时代生产关系理论的发展是马克思主义政治经济学中国化的最新成果，不仅丰富和发展了马克思主义政治经济学理论宝库，实现了对于马克思主义生产关系理论的创造性转化和创新性发展，同时进一步明确了新时代中国特色社会主义经济发展的方向和目标，为全面建设社会主义现代化国家提供了坚实的理论支撑，构成新型生产关系的理论前导。

二 理论逻辑

生产力与生产关系的矛盾运动构成社会历史发展的动力源泉，然而"人们借以进行生产、消费和交换的经济形式是暂时的和历史性的形式。随着新的生产力的获得，人们便改变自己的生产方式"，[1] 新质生产力的形成与发展，必然促成与之相适应的新型生产关系的发展演变。新质生产力是处在"两个大局"深度交汇的关键节点，为顺应新一轮科技革命和产业变革的发展大势，实现经济高质量发展的必然要求，是由技术革命性突破、生产要素创新性配置、产业深度转型升级而催生的先进生产力质态，它以高科技、高效能、高质量为特征，

---

[1] 《马克思恩格斯选集》第四卷，人民出版社2012年版，第410页。

摆脱了传统经济增长方式、生产力发展路径，对调整现有生产关系中不适应生产力的部分提出了新要求。发展新质生产力既是一个发展命题，也是一个改革命题，只有进一步深化生产关系变革，推动形成适应新质生产力发展的新型生产关系，才能让各类先进优质生产要素向发展新质生产力顺畅流动。

（一）技术革命性突破要求科技体制更新

新质生产力以数字技术为依托，以创新为新动力来源，实现从数量型增长转向质量型增长，推动生产力发展路径的转变，具有高科技、高效能、高质量等显著特征。这些特征主要源于技术的革命性突破，技术革命性突破已经成为各国争夺发展主动权的重要手段，呼唤全面深化改革构建新型生产关系以适应技术的革命性突破需要。

技术革命性突破更强调那些能够引发生产力质的飞跃、推动社会生产方式发生根本性变革的技术创新，具有高度新颖性、颠覆性与系统性等特征。高度新颖性是指技术革命性突破代表着全新的技术路径和解决方案，其创新程度远超传统技术的渐进性改进，这就要求生产关系必须具备高度的灵活性和适应性，以快速响应技术变革带来的挑战和机遇。颠覆性强调技术革命性突破能够颠覆原有的技术体系和生产模式，使原有的技术路线和产业格局发生根本性变化。这种颠覆性不仅体现在技术性能的显著提升上，更体现在对生产组织、管理模式、商业模式等方面的全面重塑。因此，构建新型生产关系必须能够支持这种颠覆性变革，为新技术、新模式的推广和应用提供有力保障。系统性强调技术革命性突破往往不是单一技术的突破，而是多个技术领域的协同创新。这种系统性使得新技术在推广和应用过程中能够形成强大的协同效应，推动整个产业生态的转型升级。新型生产关系必须能够促进这种协同创新，加强产业链上下游之间的合作与联动，形成合力推动技术革命性突破的实现。技术革命性突破对新型生产关系的发展提出了新的要求。

当前科技体制在促进技术革命性突破中仍存在诸多问题，制约了科技创新的发展。从科技创新研发角度看，科技投入不足和产出低下的双重问题广泛存在。从科技投入不足角度看，科技投入的分散和重复、激励机制与保护机制的不完善等一系列体制机制问题使得科技资源的配置效率不高，存在资源浪费和重复建设问题。从科技产出低下角度看，企业作为技术创新主体的作用尚未充分发挥，使其在技术引进与消化吸收方面的投入不足，导致创新能力不强，难以形成自主可控的核心技术。从科技成果转化的角度看，一方面，市场化程度不足，科技体制未能完全适应市场经济的需求，科技成果与市场需求的对接不够紧密，导致科技成果难以转化为现实生产力，科技成果的产业化进程受阻；另一方面，科技成果转化机制不健全，科技成果转化是技术革命性突破的重要环节，但目前中国科技成果转化的渠道不畅，激励机制不完善，产学研结合的机制尚未真正形成，企业与高校、科研院所之间的合作层次不高、范围不广，影响了科技成果的产业化进程，使其很难从需求与市场导向层面引领技术革命性突破。

针对当前科技体制存在的问题，推动科技体制的创新与更新的新型生产关系能够有效激发创新活力、提高资源配置效率与创新效率，对于促进技术革命性突破具有重要意义。

（二）生产要素创新性配置要求经济体制变革

进入新时代，随着国内外环境的变化，生产要素的创新性配置是推动传统增长模式转型，实现经济高质量发展的关键，要求经济体制的变革以构建新型生产关系，为生产要素的创新性配置提供更加有力的制度保障和支持，推动中国经济实现更高质量、更有效率、更加公平、更可持续的发展。

生产要素创新性配置要求新型生产关系经济体制变革。新质生产力的基本内涵是劳动者、劳动资料、劳动对象及其优化组合的跃升，核心标志是全要素生产率大幅提升。形成与之相适应的新型生产关系，就要对劳动者、劳动资料、劳动对象等生产要素进行更高效率的配置，推动生产要素创新性配置与组合优化。为实现这一目标，必须构建与之相匹配的新型生产关系，通过深化经济体制变革，促进生产要素的更高效率配置与创新性组合。这要求建立更加高效精准的资源配置机制，营造开放包容、竞争有序的市场环境，以及完善以企业为主体、市场为导向、产学研深度融合的创新体系，从而为生产要素的创新性配置提供坚实的制度保障和强大的内生动力。

当前经济体制存在一系列问题构成新质生产力发展的体制机制障碍，阻碍要素创新性配置的提升。其一，市场体系不完善。尽管中国已经建立了较为完善的市场经济体制，但仍存在市场竞争不充分、价格机制扭曲、市场准入门槛过高等诸多不完善之处，限制了生产要素的自由流动和高效配置，阻碍了创新资源的有效整合和利用。同时，政府干预过多可能导致资源配置效率低下、市场竞争不公平等问题，进而抑制创新活力。因此，需要明确政府和市场的边界，让市场在资源配置中起决定性作用。其二，创新体系不健全。创新体系是支撑创新活动的重要保障，但当前产学研用脱节、创新资源分散、创新成果转化率低等创新问题仍存在，限制了创新成果的快速转化和应用，影响了创新对经济增长的贡献率。经济体制变革可以推动资源配置机制的优化升级，通过完善价格机制、打破市场分割、降低市场准入门槛等措施，使市场在资源配置中起决定性作用，从而充分促进生产要素的自由流动和高效配置，为创新活动提供充足的资源支持。

（三）产业深度转型升级要求产业支持政策发展

发展新质生产力的关键在于以科技创新推动产业创新，面对全球科技革命和产业变革的浪潮，中国正处于产业深度转型升级的关键时期。以创新为核心不仅要求技术层面的革新，更需要新型生产关系的构建以及与之相匹配的产业支持政策的发展。新型生产关系通过优化资源配置、激发创新活力和促进协同发展等方式，为新质生产力的发展提供制度环境和政策保障。

产业深度转型升级要求新型生产关系产业支持政策发展。产业深度转型升级包含产业结构的优化升级，即从低附加值、高能耗、高污染的产业向高附加值、低能耗、低污染的产业转变。在此过程中，传统产业需要通过技术改造、管理模式等创新实现转型升级，而新兴产业则需要通过产业政策的引导和支持实现快速发展。这要求新型生产关系中的产业支持政策能够针对不同产业的发展特点和需求，提供精准的政策支持，推动产业结构的优化升级。同时，在全球化竞争加剧的背景下，中国产业面临着来自国际市场的激烈竞争。为了提升国际竞争力，中国产业必须加快转型升级步伐，提升技术水平和产品质量。新型生产关系产业支持政策能够通过推动高水平对外开放、加强国际合作与交流等方式，引导企业积极参与国际竞争与合作，提升中国产业的国际竞争力和影响力。

当前，产业支持政策与产业发展存在的问题影响了产业转型升级的步伐，呼唤新型生产关系产业支持政策发展以适应产业深度转型升级的要求。一方面，产业支持政策层面仍需进一步完善。当前部分产业支持政策在制定过程中缺乏前瞻性和战略性考虑，未能充分预见未来产业发展趋势和市场需求变化。这导致政策在实施过程中难以有效应对新兴产业的快速发展和传统产业的转型升级需求。同时，政策执行力度不够，尽管国家出台了一系列产业支持政策，但在实际执行过程中往往存在力度不够、落实不到位的问题，使得政策效果大打折扣，难以充分发挥其对产业发展的促进作用。另一方面，产业发展动力不足、资源配置不合理等问题突出。创新是推动产业转型升级的重要动力。然而，当前创新环境尚需进一步优化，科研投入不足、创新体系不完善、知识产权保护不力等问题制约了企业创新能力的提升和科技成果的转化应用。同时，资金、技术、人才等生产要素的流动和配置机制尚不完善，导致部分产业在转型升级过程中面临资金短缺、技术瓶颈和人才匮乏等问题，制约了产业的发展速度和质量。通过完善产业支持政策，可以引导资金、技术、人才等生产要素向新兴产业和未来产业聚集，实现资源的高效配置和优化利用，有助于推动产业结构的优化升级和新兴产业的快速发展。

（四）因地制宜发展新质生产力要求构建新型生产关系

新质生产力具有高效性、灵活性、创新性和可持续性等显著特征，这些特征要求生产关系必须进行相应的调整与创新，充分释放其内在潜力。而要实现新质生产力的落地转化，还需综合考虑到各地区发展条件与资源差异，构建新型生产关系，实现定点突破、精准施策。

因地制宜发展新质生产力要求构建与之相适应的新型生产关系。一方面，新型生产关系要适应区域差异。中国地域辽阔，各地区在资源禀赋、产业结构、经济基础等方面存在显著差异。因此，在构建新型生产关系时，必须充分考虑这些区域差异，例如在资源丰富的地区，可以探索资源节约型、环境友好型的生产关系模式，实现资源的可持续利用；在科技创新活跃的地区，则应注重知识产权保护和技术成果转化机制的建设，为科技创新提供有力保障，避免"一刀切"的做法。另一方面，因地制宜发展相应的体制机制促进产业升级。新质生产力的发展往往伴随产业结构的优化升级。新型生产关系应紧密围绕产业升级的需求，结合地区产业发展基础与资源禀赋，推动传统产业向高端化、智能化、绿色化方向发展，同时积极培育新兴产业，形成新的经济增长点。通过优化产业链、价值链布局，加强上下游企业的协同合作，提高整体产业的竞争力和抗风险能力。此外，新型生产关系是促进可持续发展的重要考量。新质生产力发展必须遵循绿色、低碳、循环的发展理念，与之相适应的生产关系应充分考虑地区生态环境承载力布局绿色产业，助力推动形成绿色生产方式和生活方式。

当前传统生产关系的制约影响着新质生产力的落地实现与作用发挥。一方面是政策制定与执行滞后。部分地方政府在新型生产关系构建过程中存在政策制定滞后、执行不力等问题。政策制定过程中未能充分考虑区域特点和产业发展需求，政策执行过程中存在"打折扣"现象，影响政策效果。另一方面是资源配置不均衡。由于地区间发展水平差异较大，新型生产关系构建过程中往往存在资源配置不均衡的问题。一些发达地区能够吸引更多优质资源投入新型生产关系建设，而欠发达地区则面临资源短缺的困境。这种不均衡现象进一步加剧了地区间的发展差距。因此，落地发展新质生产力要求通过根据自身实际情况，推进相关体制机制的创新，从而确保新质生产力在不同地区得到有效落地；通过优化生产组织方式、提高资源配置效率、加强科技创新等措施，推动新质生产力在各个领域和行业的广泛应用和深入发展。

三 理论特点

新型生产关系理论的发展既是与时俱进的理论创新，又是扎根实践的理论指导；既是中国特色的理论成果，也是世界经验的理论整合。其理论探索展现出鲜明的时代特征与实践深度，也体现出本土特色与世界经验的融合，是纵向与横向理论的充分借鉴与发展，更深深扎根于实践的沃土之中，以其强大的现实指导力，引领着生产关系的深刻变革。作为中国特色社会主义理论体系的重要组成部分，新型生产关系蕴含着深厚的本土智慧与经验，是中国人民在改革开放伟大实践中创造的理论瑰宝。同时，它也积极吸收借鉴世界各国的先进经验，实现了对世界范围内生产关系发展规律的深刻把握与理论整合，为全球生产关系的优化升级贡献了中国智慧与中国方案。

（一）新型生产关系是与时俱进的理论创新

正如生产力是一个历史范畴，与之相适应的生产关系同样是一个发展的概念。新型生产关系是与时俱进的创新成果，其发展紧密跟随社会生产力的发展步伐，不断突破传统框架的束缚从而实现了理论的创新。在马克思主义政治经济学视域下，生产关系作为社会生产方式的核心组成部分，始终与生产力的发展保持着紧密而动态的关联。科技革命与全球化的双重驱动使得新时代下生产力发展水平与发展模式都实现了质的飞跃，呼唤着生产关系的相应调整与创新。新型生产关系正是对这一历史趋势的深刻回应，它不仅是马克思主义基本原理在当代的生动体现，更是与时俱进的理论创新。

新型生产关系作为与时俱进的理论创新，体现在其内涵顺应时代发展要求层面，可从新型生产关系的动态适应性、包容性增长以及可持续发展三个方面进行分析。动态适应性是指新型生产关系打破了传统生产关系的静态稳定性，展现出高度的动态适应性。新时代背景下，以信息技术、人工智能、大数据等为代表的新一轮科技革命和产业变革正以前所未有的速度重塑着全球经济格局。这些技术的广泛应用，不仅极大地提高了生产效率，还深刻改变了生产方式、组织结构和经济形态。新型生产关系能够根据生产力的变化及时调整自身结构和功能，确保与生产力的发展保持同步，能顺应新质生产力发展要求不断调整制度设计与安排，以适应并推动生产力的持续发展。这种动态适应性是新型生产关系生命力的源泉，也是其能够持续推动经济社会发展的根本原因。包容性增长即新型生产关系在经济增长的过程中，注重社会各阶层的利益平衡和共享。新型生产关系既重视适应新质生产力发展需要以促进经济的高质量发展,也重视推动发展成果人民共享,实现整体质量的提升。新型生产关系能够通过优化资源配置、提高生产效率、促进创新创业等方式,为更多人提供发展机会和上升通道,从而实现经济社会的全面发展。可持续发展是新型生产关系发展的重要考量。进入新时代,面对资源约束和环境压力的挑战,新型生产关系将可持续发展作为重要目标,倡导绿色生产、低碳生活等环保理念,推动经济增长与环境保护的和谐统一,同时通过技术创新和制度创新等手段,提高资源利用效率,降低能耗和排放,实现绿色健康可持续发展。

新型生产关系是与时俱进的理论创新,还体现在其对于生产关系理论的创新层面。其一,新型生产关系深化理解生产力与生产关系的辩证关系。既重视生产力的发展是推动生产关系变革的根本动力,以新质生产力驱动新型生产关系的变革方向,同时,也强调生产关系对生产力的反作用,适应生产力发展的新型生产关系能够进一步促进新质生产力的发展,形成新时代生产力与生产关系矛盾关系演进的理论分析框架,从而进一步深化对于新型生产关系的理论认知。其二,新型生产关系重新认识与配置生产要素。传统生产关系往往局限于土地、劳动力、资本等传统生产要素的配置,而新型生产关系则突破了这一局限，将科技、信息、数据等新型生产要素纳入生产关系范畴，并实现这些要素的高效配置和优化组合。这种重新认识与配置不仅提高了生产效率和质量，还推动了产业结构的优化升级和经济发展方式的转变。其三，新型生产关系重构与拓展劳动关系。随着智能化技术的广泛应用，劳动关系呈现出多元化、灵活化的特点。新型生产关系不仅调整传统的人与人之间的劳动关系，还进一步拓展人与人工智能之间的关系，通过建立新型劳动关系管理体系和社会保障体系，保障劳动者的权益和福利，促进劳动关系的和谐稳定。同时，也为技术等新型生产要素的融入提供制度保障。其四，新型生产关系创新与完善分配制度。新型生产关系在分配领域实现多元化发展，引入按劳分配、按要素分配、按贡献分配等多种分配方式，不仅体现了对劳动者劳动成果的尊重和对各类生产要素贡献的认可，还激发各类生产要素的积极性和创造性。同时，它也注重公平与效率的平衡，努力缩小收入差距，促进社会公平和共同富裕的实现。

（二）新型生产关系是扎根实践的理论指导

理论来源于实践并反作用于实践，新型生产关系不仅是对传统生产关系理论的创新与发展，更深深扎根于社会实践之中，在深入剖析社会生产力发展实践的基础上，通过理论抽象与概括而形成并进一步成为指导社会生产力变革与经济社会发展的强大理论武器。这种理论与实践的辩证统一，使得新型生产关系既具有深厚的理论根基，又具备强大的现实解释力和指导力，体现了马克思主义实践观的核心要义，也彰显了新型生产关系在现代社会中的独特价值与意义。

新型生产关系的理论源泉在于社会实践。新型生产关系的形成是对中国特色社会主义实践经验的深刻总结和理论升华。改革开放以来，中国在生产关系领域进行了一系列卓有成效的改革，这些改革不仅解放了生产力，也推动了经济社会的快速发展。新型生产关系正是在这些实践经验的基础上，结合新时代的发展要求，进一步深化改革、优化生产关系的结果。新型生产关系紧密关注社会生产力发展的最新动态和趋势，及时捕捉生产力发展中的新特征、新模式，确保自身能够准确反映并引导生产力的发展方向。同时，根据新质生产力发展实践中出现的新问题、新挑战和新机遇，不仅关注技术层面的革新，更重视由此带来的社会关系、利益分配、劳动方式等方面的深刻变革。以新方法、新路径解决生产力发展中的瓶颈问题，同时抓住机遇，推动生产关系向更加高效、公平、可持续的方向发展。新型生产关系在与社会实践的深度融合中，不断总结经验教训，提炼出反映生产力与生产关系相互作用的内在规律，从而为生产关系的自我调整和完善提供坚实的理论基础，确保新型生产关系在复杂多变的社会环境中保持正确的发展方向，实现持续优化和升级，进而始终保持与时俱进、不断创新的生命力。

新型生产关系作为扎根实践的理论指导，对实践具有显著的引领作用。新型生产关系还注重将理论成果转化为实践指导力量。首先，新型生产关系可以引领产业升级与转型。通过优化产业结构、提升产业链水平、推动科技创新等措施，新型生产关系促进了传统产业的转型升级和新兴产业的快速发展。这不仅提高了社会生产力水平，也为经济发展注入了新的动力和活力。其次，新型生产关系促进劳动关系的和谐稳定。新型生产关系强调以人为本的发展理念，注重保障劳动者的权益和福利。通过完善劳动法律法规、加强劳动保护、提高劳动报酬等措施，新型生产关系构建了更加公正合理、和谐稳定的劳动关系体系。这不仅有利于激发劳动者的积极性和创造力，也有利于维护社会稳定和促进经济可持续发展。最后，新型生产关系推动社会公平与共同富裕。它坚持效率与公平并重的原则，通过完善收入分配制度、缩小收入差距、提高社会保障水平等措施，促进社会公平正义和共同富裕目标的实现，不仅有利于缓解社会矛盾和问题，也有利于增强人民群众的获得感和幸福感。新型生产关系是扎根实践的理论指导，通过制定和实施一系列政策措施、制度安排和机制创新，将理论上的设想和构想转化为现实中的行动和实践，不仅验证了新型生产关系的科学性和有效性，也为进一步完善和发展理论提供了宝贵的经验和启示。

(三) 新型生产关系是中国特色的理论成果

在马克思主义政治经济学的理论框架下，新型生产关系不仅实现了对经典理论的继承与创新，更构成了中国特色社会主义理论体系的重要组成部分，深刻体现了中国特色社会主义的理论成果与实践智慧。

在理论根基层面，新型生产关系根植于中国国情与社会实践。新型生产关系的形成结合了马克思主义基本原理同中国具体实际，具有深厚的国情基础。其一，新型生产关系要求因地制宜地布局与发展，是充分考虑到国情特殊性的重要体现。中国人口众多、地域辽阔、发展不平衡不充分等复杂国情要求生产关系的调整必须因地制宜、因时制宜。新型生产关系在发展过程中，充分考虑城乡差距、区域发展不平衡等现实问题，通过优化资源配置、促进协调发展，实现生产力与生产关系的动态平衡。其二，新型生产关系充分考虑到历史传承性，是结合社会历史实践经验的重要成果。中国共产党在长期革命、建设和改革过程中形成的群众路线、解放思想、实事求是等优良传统和作风，也为新型生产关系的构建提供了宝贵的经验借鉴。其三，新型生产关系充分考虑到理论创新性。新型生产关系在继承马克思主义生产关系理论的基础上，结合中国实际进行了大胆创新。它突破了传统生产关系理论的某些局限，强调生产要素的多元化、分配方式的多样性、劳动关系的和谐性等许多更符合中国国情的新理念、新观点和新方法，不仅丰富了马克思主义生产关系理论，也为中国特色社会主义实践提供了有力的理论支撑。

在理论特点层面，彰显中国特色的鲜明标识。一是社会融合性。新型生产关系注重集体协作和团队精神。在数智化生产工具和数据要素的广泛应用下，企业组织形态发生了深刻变革，业态化变革和跨功能团队成为常态。这种变革打破了传统工作中的边界限制，促进不同部门、不同岗位之间的紧密协作与信息共享。新型生产关系通过强化集体协作精神，提高了生产效率和创新能力，推动企业和社会整体的发展。二是分配多元性。新型生产关系在分配方式上实现了多元化发展。它坚持按劳分配为主体、多种分配方式并存的制度原则，充分尊重劳动、资本、知识、技术、数据等生产要素的贡献。这种分配方式既体现了社会主义的公平原则，又激发了社会各阶层的积极性和创造性，促进了社会财富的合理分配和持续增长。三是创新驱动性。新型生产关系强调创新驱动发展战略。在科技创新的引领下，新型生产关系不断推动生产力各要素的渗透与融合，形成了丰富优质要素相互渗透融合的复杂系统。这种创新驱动不仅提高了生产效率和产品质量，还推动了产业结构的优化升级和经济发展方式的转变。

在实践价值层面，新型生产关系着力推动中国特色社会主义建设。首先，新型生产关系通过制度创新与政策导向，加速资源、信息及技术的自由流通与高效配置，为社会的和谐稳定提供强大的经济支撑，从而促进社会各阶层与群体间的深度融合与协同发展，构建了一个共建共治共享的社会治理新生态，为和谐社会的构筑提供了坚实的社会基础。其次，新型生产关系深刻关注劳动者的福祉与权益，通过建立健全新型劳动关系管理体系和社会保障体系，加强劳动法律法规建设和完善劳动争议处理机制等方式，有效维护劳动关系的和谐与稳定，体现了对劳动者成长与发展需求的深切关怀，为共同富裕目标的实现铺就道路。在此基础上，新型生产关系紧跟科技革命和产业变革的步伐，通过优化资源配置、激发创新活力、保障劳动者权益等举措，构建与新质生产力相适应的生产关系体系，不仅推动了生产效率的飞跃和经济结构的持续优化，还促进了社会的公平正义与可持续发展，为中国式现代化奠定了坚实基础。

(四) 新型生产关系是世界经验的理论整合

在全球化与科技革命交织的今天，新型生产关系作为适应新一轮科技革命和产业变革的产物，其理论构建根植于马克思主义生产关系理论，广泛吸纳了全球范围内生产关系变革的丰富经验，不仅是马克思主义政治经济学在新时代的理论创新，更是对全球范围内生产关系变革经验的深刻总结与理论整合。这一理论整合的过程，既是对历史唯物主义基本原理的坚持，也是对全球生产关系实践多样性的深刻反思与总结；既彰显了其世界性视野，也体现了对本土实践的深刻洞察与回应。

全球生产关系变革的多维视角。其一，新型生产关系体现了科技进步的驱动力。历史上，科技进步是推动生产关系变革的根本力量。从蒸汽机到电力，再到如今的数字化、智能化技术，每一次科技革命都伴随生产关系的深刻调整。这种调整不仅体现在生产方式的变革上，更深入到生产要素的配置、组织形式的创新、分配关系的优化等生产关系的各个环节。其二，国际生产关系的多元化。全球化进程中，各国经济发展阶段、产业结构、制度环境等差异显著，导致国际生产关系呈现出多元化的特点。这种多元化不仅为各国提供了相互学习、借鉴的机会，也为新型生产关系的形成提供了丰富的实践案例和理论素材。新型生产关系的建立需要充分借鉴共同发展经验，把握生产关系发展规律，也应该与本国实践进行有机结合。

新型生产关系的理论整合路径体现出全球化视角。新型生产关系首先是对马克思主义生产关系理论的继承与发展，坚持生产力与生产关系的辩证统一，遵循生产力的发展是推动生产关系变革的根本动力。以此为起点，新型生产关系是在坚持社会主义生产关系的基础上为适应新质生产力发展而进行的生产关系的局部调整。其以新质生产力为驱动，结合新时代的特点，对生产关系的各个环节进行全面升级和重塑，重构新型生产关系框架，使其更加适应现代生产力的发展需求。其次，欧美国家在科技创新、人才激励、产学研合作等方面的先进做法，其他国家在转型升级过程中对于发展问题的解决方案以及发展中国家在探索适合自身国情发展道路中的宝贵经验，为新型生产关系的构建提供了有益参考和借鉴。最后，新型生产关系的形成更是对中国特色社会主义实践经验的深刻总结和理论升华。改革开放以来，中国在生产关系领域进行了一系列卓有成效的改革，不仅解放了生产力，也推动了经济社会的快速发展。新型生产关系正是在这些实践经验的基础上，结合新时代的发展要求，进一步深化改革、优化生产关系的结果。新型生产关系不仅是对马克思主义生产关系理论的继承与发展，也是对全球生产关系变革经验的深刻总结与理论升华。它体现了生产力与生产关系的辩证统一、全球视野与本土实践的有机结合。

四 具体内涵

新质生产力蕴含了驱动方式的根本转换与生产要素的重塑更新,新型生产关系也应随之提质向新。新型生产关系在社会主义生产关系基础上,适应新质生产力发展进行的生产关系的局部优化和调整,是对社会主义生产关系的自我完善与改革。在此背景下,新型生产关系的具体内涵日益丰富,涵盖了所有制结构变革、生产变革、分配变革、流通变革以及消费变革等多个维度,共同构筑起适应新时代要求的生产关系体系。

所有制结构的调整与优化是新型生产关系的基础,产权制度的创新不仅深刻影响着生产关系的各个方面,更为中国特色社会主义事业的发展提供了坚实的制度保障。生产制度的变革是构建新型生产关系的核心动力,以创新驱动为核心的经济体制与科技体制,正逐步构建起适应科技创新需要的新型生产组织体系。分配制度的变革是新型生产关系的重要组成部分。要素贡献分配机制与激励机制的完善,为激发各类生产要素的积极性和创造力提供了有力保障。流通变革作为新型生产关系的重要着力点,通过构建高水平社会主义市场经济体制与深化对外开放机制，促进了资源的优化配置和国际市场的深度融合。而消费制度的变革则是新型生产关系的落脚点与保障，其以满足新需求为导向，推动了数字消费、绿色消费与创新消费等新型消费模式的兴起，进一步促进了生产与消费之间的良性互动。新型生产关系的具体内涵体现了对新质生产力发展的全面适应与积极引领。通过所有制结构、生产、分配、流通及消费等多个领域的深刻变革，新型生产关系不仅促进了社会生产力的提升，更为中国特色社会主义事业的发展注入了新的活力与动力。

（一）所有制结构变革——新型生产要素的产权制度

新型生产关系的构建是社会主义制度自我完善与发展的重要体现，其核心在于所有制结构的调整与优化，特别是新型生产要素即数据要素以及科技创新相关要素产权制度的创新。这两大支柱不仅深刻影响着新型生产关系的其他方面，还为中国特色社会主义事业的发展提供了坚实的制度保障。

数据要素的产权制度是新型生产关系的重要组成部分，在数字经济时代，数据要素是关键核心要素，明确的数据要素产权归属是保障数据交易流通与顺利运转的关键。它通过完善法律法规体系，从数据要素的所有权、使用权和收益权三个层面界定了生产资料的归属、使用、收益和处置等权利关系，是市场资源配置的前提和基础,也是新型生产关系发展的重要导向,能够在有效避免产权模糊带来的资源浪费和效率损失的同时保护各类产权主体的合法权益,为市场经济的公平竞争创造良好环境。数据要素产权制度还包括顺畅流通的产权制度。数据要素的使用和收益只有在流转、使用和交易过程中才能实现。因此,数据要素产权制度包含数据产权的结构性分置制度,从公共数据、企业数据以及个人数据的确权授权机制多个层面界定多方参与主体的合法权利范围,从而依法保障推动数据要素的流通。数据要素产权制度还包括权益保护的产权制度,强调在保护多元主体合法权益的基础上,建立健全基于法律规定或合同约定流转数据相关财产性权益机制,保护数据交易过程中的权利转移。

建立健全科技创新相关要素产权制度对构建新型生产关系同样具有重要作用。技术要素和知识要素等与科技创新密切相关的要素的产权制度变革既是形成新型生产关系的重要动力,也是构成驱动新质生产力发展的关键。技术要素产权制度包含健全职务科技成果产权制度,涉及科技成果的使用权、处置权和收益权的相关规定,是强化科技创新成果激励的关键。知识产权制度的完善是新型生产关系的核心,包括专利权、商标权、著作权等一系列产权制度框架以及相关的产权管理与服务体系,能够有效激励科技创新,维护创新成果收益,是新质生产力发展的重要制度基础。

(二) 生产变革——创新驱动的经济体制与科技体制

生产制度变革是新型生产关系构建的基础,是新型生产关系的核心组成部分。随着新质生产力的兴起,科技创新已成为驱动生产力发展的关键要素,构建以创新驱动为核心的生产组织体系成为新型生产关系的必然要求,是适应科技创新实现由传统向现代化转型的核心需要。

创新驱动的经济体制是新型生产关系的核心,强调以科技创新为引领,推动经济结构的优化升级和经济发展方式的转变。创新驱动的经济体制包含政、产、学、研协同创新体系的构建,强调加强政、产、学、研之间的紧密合作,通过市场需求引领技术创新发展,并加强知识产权保护,激发企业的创新活力,推动创新成果的现实转化。同时,生产要素的优化配置是创新驱动的经济体制的重要特征,因此以高质量教育体系以及新型劳动资料与对象保障体系为核心的经济体制变革也构成新型生产关系的核心。劳动者是生产活动的主体,其素质和技能水平直接影响生产力的发展,高质量教育体系的建设能够有效提高劳动者的素质和技能水平。通过新教育体系设计、新学科布局、新技能培训、新思维培育等方式，统筹推进教育科技人才体制机制一体化改革，培养适应新质生产力需要的新型劳动者。除了培育新型劳动者，还应着力于先进劳动资料的更新和劳动对象发展的相关经济体制的变革。以数字技术与原创性技术、通用性技术等突破性技术创新为引导，推动劳动资料的数字化和智能化，同时引导资源进入新能源、新材料等新兴产业领域，拓展劳动对象范围。

创新驱动的科技体制是新型生产关系的重要支撑，涉及科研管理、人才培养、创新支持等多个方面。完善国家创新体系是科技体制改革的重要任务。首先，新型生产关系包含更为完善的科研攻坚举国体制，强调打破部门和行业壁垒，鼓励跨界合作和资源共享。通过构建"产学研用"一体化发展的新型举国创新体制机制，补齐战略性新兴技术发展短板，为发展新质生产力注入强大的内生动力。其次，新型科技体制包含更为有力的科研管理体制。完善科研管理机制是营造良好的科研生态的重要保障，需要推动科研机构去行政官僚化，通过力戒学术官僚主义和形式主义，规范科研机构内部的行政权力行使，让科研工作为真理服务，释放科研创新生产力。新型科技体制包含更具激励的科技成果评价体系，强调通过扩大科研项目经费管理自主权等方式,在为科研人员"减负"的同时进行有效"放权"。鼓励原创性基础性长周期创新,让科研管理权限掌握在富有科研生产力的中青年科研工作者手中。最后,新型科技体制包含劳动性更强的新政策支持体系。需要从税收优惠、资金扶持、人才引进等角度加强政策体系建设,为创新提供政策保障。同时,还需要搭建高水平科技创新管理平台,对项目申请、立项到成果转化的全过程进行协调管理,避免重复性浪费,实现优势互补。

(三)分配变革——改革分配机制与激励机制

传统的分配机制难以完全适应新的经济形态和生产关系,尤其是数据要素、技术创新成果及复杂脑力劳动等新型生产要素的崛起,对分配制度提出了更高要求。[1] 新型生产关系中的分配制度变革,要坚持以按劳分配为主体,多种分配方式并存的基本分配制度,特别是完善要素贡献分配机制与激励机制,是适应新质生产力发展的必然要求。通过构建公平合理、激励有效的分配机制,可以充分激发各类生产要素的积极性和创造力,促进经济高质量发展和社会全面进步。

分配制度变革的核心在于建立更加公平、合理的分配机

---

[1] 韩文龙:《新质生产力的政治经济学阐释》,《马克思主义研究》2024年第3期。

制。要素贡献分配机制是指根据各生产要素在生产过程中的实际贡献程度，通过市场机制或政策调控，合理确定其应得报酬的一种制度安排。完善要素贡献分配机制强调市场评价贡献的重要性，即生产要素的报酬应与其对产出的贡献成正比，有助于激发生产要素的积极性和创造性，提高资源配置效率，缩小收入差距，增强社会的整体稳定性和凝聚力，促进经济高质量发展。首先是数据要素收益分配。随着大数据时代的到来，数据已成为重要的生产要素。数据要素收益分配需确保数据来源的合法性、使用的合理性和收益分配的公平性。通过建立数据交易平台、明确数据权属、制定数据交易规则等措施，保障数据提供者和使用者的合法权益。其次是技术创新成果分配。技术创新是推动经济发展的关键力量。技术创新成果分配应体现创新者的劳动价值，通过专利制度、知识产权保护、科技成果转化奖励等方式，激励创新主体持续投入研发活动。最后是复杂脑力劳动收益分配。在知识经济时代，知识劳动、管理劳动、科技劳动和数据劳动等复杂脑力劳动成为生产过程中的核心要素。这些劳动形式的收益分配应充分考虑其智力投入、风险承担及产出效益，通过薪酬激励、股权激励、职业晋升等多种方式，增强复杂脑力劳动者的获得感和归属感。

分配制度变革的核心在于建立按劳分配为主体，同时能有效激励生产要素贡献的激励机制。激励机制是指通过一系列制度设计和政策措施，激发和调动人的积极性、主动性和创造性，以实现组织或社会目标的机制。在新型生产关系中，激励机制改革的新方向在于构建以知识价值为导向的分配体系，促进创新型人才和团队的发展。其能显著提升创新人才的积极性和创造力，推动科技创新成果的不断涌现。同时，其还有助于吸引和留住高端人才，为经济社会的持续健康发展提供强大的人才支撑和智力保障。新型生产关系中的激励机制，既要求构建良好的收入反馈机制，以市场化薪酬制度、股权激励计划等方式，使创新人才的收入与其创新成果紧密挂钩，形成正向的激励效应；又要求改进人才评价指标体系，建立以科技创新质量、绩效和人才实际贡献为核心的评价体系，打破"唯论文、唯职称、唯学历、唯奖项"的传统评价标准，鼓励科研人员潜心研究、勇攀科技高峰；还要求优化科技创新环境，加强科研基础设施建设，提供充足的科研经费支持，营造自由宽松的科研氛围，为科研人员提供良好的工作条件和生活保障。同时，实施中长期激励措施，通过员工持股、股权分红等中长期激励手段，为耗时长、投入大、产出慢的重要科研项目和科研人员提供稳定的物质保障和精神激励。

(四）流通变革——高水平社会主义市场经济体制与对外开放新机制

流通变革作为新型生产关系的重要组成部分，对于推动经济高质量发展、构建新发展格局具有关键作用。流通变革的核心在于构建高水平社会主义市场经济体制与深化对外开放机制，以促进资源的优化配置和国际市场的深度融合。高水平社会主义市场经济体制与对外开放机制的构建，是中国经济高质量发展的重要保障。前者通过完善市场基础制度、创新生产要素配置方式等手段，提升资源配置效率和市场活力；后者则通过制度型开放、外资准入放宽等措施，吸引全球资源要素，促进经济转型升级和国际竞争力提升。二者相辅相成，共同推动中国经济实现更高质量、更有效率、更加公平、更可持续的发展。

高水平社会主义市场经济体制的建设是打破区域与产业间的要素流动壁垒，推动流通制度变革的关键所在。新型生产关系要求市场基础规则设计的完善。要明确产权、市场准入、产权保护及竞争法则，制定全国统一的市场规则，确保公平竞争，加强反垄断和不正当竞争监管，同时针对数字经济等新形态布局明确数据产权，促进数据交易流通等新市场法则。新型生产关系要求强化市场基础设施建设，因此，要重点建设5G、大数据中心、人工智能和工业互联网等数字基础设施，打破地区、产业与市场限制，为形成全国统一的市场网络、提高市场交易效率提供物质基础。新型生产关系要求构建全国统一大市场体系。通过价格机制、配置方式及服务创新改革，激发要素主体创新积极性，强化数据要素关键作用，打破地方保护和市场分割，促进商品和服务的自由流通。新型生产关系还要求市场监管体系的完善。建立健全产权保护机制、社会信用体系及与新形态相适应的法律体系，加大法律法规执行力度，利用数字化手段优化监管流程，提高监管效能。

高水平对外开放体系建设是参与国际竞争与合作、提升国际竞争力、推动流通制度变革的核心组成。要扩大高水平制度型开放，对标国际高标准经贸规则，稳步扩大规则、规制、管理、标准等制度型开放。通过深化改革，形成与国际通行规则相衔接的制度体系和监管模式。同时，强化外资准入负面清单管理，合理缩减外资准入负面清单，放宽市场准入限制，为外资企业提供更加广阔的发展空间。在依托超大规模市场优势，以国内大循环吸引全球资源要素，增强国内国际两个市场、两种资源的联动效应的情况下，通过持续建设市场化、法治化、国际化的营商环境，保障外商投资权益，提高外资企业的投资便利度和满意度，优化国际化营商环境建设,从而积极参与全球经济治理体系改革和建设,推动构建开放型世界经济,形成国际合作与竞争新优势。

(五) 消费变革——支持新需求的新型消费制度

构建以支持新需求为导向的消费制度是构建新型生产关系的重要组成部分,需从消费者需求出发,立足自然消费关系、社会消费关系以及自然社会消费关系三个维度,[①] 从数字消费、绿色消费与创新消费等方面切入,逐步构建起符合新时代要求的新型生产关系和消费制度。

在自然消费关系层面,新型生产关系要求处理好人与自然、自然与自然之间的关系。在社会消费关系层面,处理好生产与消费之间的关系则至关重要。在自然社会消费关系层面,涉及消费的自然过程和社会过程的互动关系。在此基础上,应以数字消费、绿色消费、创新消费等新消费模式为关键引导消费制度的重构。

数字消费具有高效便捷、精准对接供需等特性,对于提高消费效率与定制化消费具有独特的作用。新消费体系包含数字消费体系建设,强调通过加大对数字技术、人工智能、大数据等前沿技术的研发投入,推动其在消费领域的应用和普及,提

[①] 韩文龙:《新质生产力的政治经济学阐释》,《马克思主义研究》2024 年第 3 期。

高消费产品供给质量和服务效率。既要优化产品供给结构，以供给满足新需求，即根据消费者需求变化，及时调整和优化产品供给结构，实现产品的创新发展与定制化供给，有效满足消费者对高品质、个性化的产品需要，又要着力提升服务质量，以消费者体验与满意度的提升为导向，不断优化服务流程，提高服务质量，构建"售前—售中—售后"全环节全流程的微笑服务与高效服务。

绿色消费具有环境保护与资源节约等特性，能有效推行低碳生活方式，促进经济社会的绿色转型。新消费体系包含绿色消费体系建设，在需求层面，要在全社会大力倡导绿色健康生活方式，以绿色消费为引领，倡导绿色消费理念，鼓励消费者购买环保、节能、低碳的产品和服务。在供给层面，需通过政策引导和市场机制，以科技创新发展绿色技术，鼓励清洁能源、环保材料、节能技术等绿色技术的研发和应用，促进绿色消费模式的形成和发展，推动绿色消费成为主流消费模式，贯彻绿色发展理念。

创新消费侧重于鼓励产品与服务的不断迭代升级，需立足于消费者日益多元化、个性化的需求，推动社会整体创新能力的提升。新消费体系包含创新消费体系，强调通过消费引导促进生产升级。面向新需求，新消费制度应支持创新消费，鼓励消费者尝试新技术、新产品、新服务，促进消费领域的创新发展。政府和企业可以通过提供创新消费补贴、建立创新消费体验中心等方式，降低消费者创新消费成本，以充分发挥中国超大规模市场优势引领科技创新发展，构建新型生产关系以促进新质生产力的发展。

第三章 怎么办？——构建新型生产关系的实践路径

一　实践方法论

(一) 顶层设计，基层探索

党的二十届三中全会强调，要进一步全面深化改革，"推动生产关系和生产力、上层建筑和经济基础、国家治理和社会发展更好相适应"。[1] 全会绘就了全面深化改革的宏伟蓝图，在这一顶层设计的指引下，将全面深化改革的各项举措落实落地，从而"加快形成同新质生产力更相适应的生产关系"，需要地方和基层进行积极的探索实践。

改革开放以来，党和国家在推进各项政策走实走深的过程中，始终高度重视顶层设计与基层探索相结合的实践方法。在实践中，这一方法不仅保障了国家宏观战略规划的一致性与连

---

[1] 《中共中央关于进一步全面深化改革　推进中国式现代化的决定》，人民出版社2024年版，第4页。

贯性，同时也有效地调动了广大人民群众的积极性与创造力。改革开放初期，中国面临着从计划经济向市场经济转型的挑战，地方和基层根据自身条件进行大胆尝试，一些做法在成功后被推广和上升为全国性的政策，充分体现了人民群众的创造性。例如，作为中国改革开放重要标志的家庭联产承包责任制，就是由安徽凤阳小岗村的村民自发探索并在全国推广开来的。随着改革开放的不断深入，中国的改革逐渐从浅层次向深层次推进，体制机制障碍和既得利益固化等问题阻碍了改革的进一步深化。为克服改革面临的阻力，中国更加重视改革的顶层设计，通过制定长期的发展规划和宏观战略来稳定改革的前进方法，提高改革的系统性、整体性和协同性。至21世纪初，改革过程中的顶层与基层之间初步形成了较为稳定的互动机制，一方面中央通过政策手段为改革提供指引，另一方面地方政府和基层单位以一定的自主权来进行试验和创新。

进入新时代，顶层设计与基层探索相结合的方法论得到进一步的重视、强化和完善。这一时期，顶层设计与基层探索的互动更加频繁和深入，形成了一个相互促进、有机融合的良性循环。在宏观层面的整体规划指导下，基层被赋予了足够的自主探索空间，允许和鼓励各地区根据自身的禀赋资源、发展条件和发展阶段等进行创新探索。通过项目试点等方式，基层的创新成果和实践经验得以提炼和推广,上升为国家层面的政策或法律法规,从而保证了各项改革举措的有效性和持续性。

新征程上,中国坚定不移以全面深化改革推进中国式现代化,着力构建与新质生产力发展相适应的新型生产关系。新型生产关系的构建,不仅要求国家层面进行科学的宏观指导与规划,还需要基层的积极响应与创造性实践,从而以上下联动的方式保障各项改革措施有效落实到位。[1] 一方面,需要加强新型生产关系的顶层设计,统筹全局从而形成合力,实现工作的整体推进。顶层设计的强化有助于明确改革的方向和路径,为构建新型生产关系奠定坚实的制度基础,增强改革进程的连贯性和稳定性,使改革能够在宏观层面上得到有效的指导和协调。另一方面,鼓励地方和基层进行大胆探索,能够激发社会创新潜能。尽管顶层设计提供了方向性的指导,但具体到实施过程中还需要基层的创新实践来落实。基层作为新型生产关系构建的直接参与者与受益者,其积极性与创造性对加快构建新型生产关系具有重要意义。在实践探索中,要赋予地方更多的自主权,鼓励基层根据实际情况灵活施策,因地制宜探索适合

---

[1] 程恩富、陈健:《大力发展新质生产力 加速推进中国式现代化》,《当代经济研究》2023 年第 12 期。

本地特色的新型生产关系。例如，在制定产业政策时，依循中央制造业数智化绿色化转型的战略导向，地方政府可以根据本地产业特色设立试验区，鼓励企业进行技术创新和服务模式探索，不仅能够加快科技成果向现实生产力转化的速度，还能培养出一批具有竞争力的企业群体，并为后续的政策调整提供宝贵的实践经验。通过这种方式不仅能及时发现和解决新型生产关系构建过程中遇到的问题，还能将地方试点的经验进行推广，从而为全国范围内的改革提供可借鉴的模式和方法。更重要的是，这一方法还能够有效激发社会各界的积极性，从而形成全社会共建新型生产关系的良好氛围，让改革发展成果更多更公平惠及全体人民。

顶层设计与基层探索的结合，还有助于实现新型生产关系的动态调整与持续优化。新型生产关系的形成不是一蹴而就的，随着外部环境和内部阶段的变化，已形成的新型生产关系也可能会遇到新的问题或挑战，这就需要不断地对其进行调整和完善。将基层探索的结果及时反馈给决策层，有助于决策层准确把握改革一线的实际情况，并对宏观政策进行科学的调整，从而保持政策的长期有效性和灵活性。

(二) 问题导向，实事求是

问题导向、实事求是是中国在长期革命、建设和改革实践中总结出来的一种工作方法,强调从实际问题出发,根据具体情况以科学的态度和方法来分析和解决问题。新民主主义革命时期,中国基于国情和革命实践,创造性地发展出了适应中国特殊条件的革命理论与斗争策略;在社会主义建设初期,面对一系列新的社会经济问题,实事求是成为中国制定政策的重要原则;改革开放以来,中国面临着前所未有的发展机遇与挑战,问题导向与实事求是的方法论发挥了至关重要的作用,改革开放政策也正是建立在对当时国内外形势深刻洞察的基础之上,通过大胆试验和循序渐进的方式逐步推进的;迈入新时代,面对复杂多变的国内外环境,以及人民日益增长的美好生活需要,这一方法论更加凸显其价值。在精准扶贫、生态文明建设、全面深化改革等各项政策推进过程中,坚持问题导向与实事求是的方法论都发挥了重要作用。

从生产力与生产关系的矛盾运动规律来看,中国发展新质生产力,必然要对阻碍新质生产力发展的制度和规则进行变革,构建新质生产力的过程就是识别和解决相关矛盾和问题的过程。[①] 科学技术的进步,特别是信息技术、人工智能等新兴领域的快速发展,不仅改变了传统的生产方式,还催生了新的

---

① 洪银兴:《新质生产力及其培育和发展》,《经济学动态》2024年第1期。

经济形态，变革了社会结构，使中国的生产力水平得到了质的飞跃。然而，在生产力快速发展的背景下，现有的生产关系调整却显得相对滞后，从而暴露出一系列问题。例如，在分配制度上，尽管近年来采取了一系列措施来促进收入分配公平，但地区间、城乡间、行业间的收入差距依然较大；在市场机制上，某些领域仍然存在进入壁垒和不公平竞争现象；在科技创新体制上，科研资源分配不合理、技术创新能力不足以及人力资源管理机制僵化等问题还比较突出。这些问题表明，当前的部分生产关系已经不能完全适应新质生产力的发展需求，而这正是构建新型生产关系的根本动因。因此，新型生产关系的构建必须坚持问题导向，深入调查研究，精准识别问题所在，从而制定更具针对性和实效性的改革措施。只有准确把握问题的本质，才能在新型生产关系的构建中有的放矢。

构建新型生产关系，需要坚持实事求是的态度和原则，深入研究现有的社会结构、经济基础和技术条件，制定符合实际需求的实践策略。具体而言，在科技创新体制方面，科研创新活动要紧密结合经济社会发展需求，才能保障科研成果能够顺利转化为新质生产力。在科研项目的选择上，应当基于实际应用前景和市场需求进行决策，避免"为创新而创新""为补贴而创新"的现象。此外，在科研机构的管理中，应遵循科研规律，给予科研人员足够的自主权，鼓励根据实际科研进展灵活调整研究方向。在要素市场改革方面，要坚持实事求是，促进劳动力、资本、土地、数据等生产要素的合理流动。例如，在劳动力市场上，应根据实际的就业需求和技能供给情况制定相应的劳动政策，促进人才的合理流动；在资本市场上，要根据实际的投资回报率和风险评估来引导资本流向。在产业政策方面，地方政府在制定政策时要充分考虑本地区的资源禀赋和市场环境，特别是在推动传统产业转型升级时，应根据现有产业的基础条件，如技术水平、人才储备和市场潜力等，来确定转型方向，避免不顾实际情况盲目追求高精尖产业，导致资源错配和浪费。同时，政策制定还需考虑到国际竞争态势，通过比较优势原则合理布局产业，促进产业结构优化升级。

最后，问题导向和实事求是的方法有助于推动新质生产力和新型生产关系的理论创新与实践探索的良性互动。新型生产关系需要适应新质生产力带来的一系列新兴经济现象，如数字经济、共享经济等新模式新业态的涌现。因此，构建新型生产关系时，需要坚持问题导向，通过具体问题进行深入研究发现现有理论框架中的不足，并在此基础上进行调整优化。例如，数据作为一种新型生产要素，与传统生产要素存在较大差异，如何平衡数据产权保护与开放共享之间的关系已经成为一个理论与实践难题。这就需要在实践中不断探索,从而提炼出既能促进数据流动又能保障各方权益的有效机制。此外,在改革过程中,特别是在改革攻坚阶段会遇到利益调整所带来的摩擦,通过聚焦关键问题,一步一个脚印稳步推进改革进程,可以有效降低改革阻力,凝聚社会力量。长远来看,坚持问题导向、实事求是能够增强社会各方对于构建新型生产关系的信心与共识。

(三)先立后破,守正创新

构建新型生产关系要在现有的生产关系基础上进行调整,必然会替代部分旧有的、不合时宜的生产关系,在改革过程中需要辩证看待新型生产关系与传统生产关系的辩证关系,把握"立"与"破"、"新"与"旧"的矛盾统一关系。

首先,立与破、新与旧之间存在多重辩证关系。立,即指建立新的制度、机制或模式,是改革的基础;破,则意味着打破旧有的、不再适应发展的制度或模式。二者并非孤立存在的。第一,立新是破旧的基础和条件,立的基础不牢固,破除障碍的过程也会遇到重重阻力。只有建立新的、更有效的机制,才能为改革提供必要的保障和支持,使改革措施能够顺利推行,避免因盲目打破旧体制而带来的社会不稳定。第二,破为立开辟了制度空间。旧的体制机制不及时破除,就会成为新体制形成的阻碍，适时的破可以清除改革阻碍，为新体制的建立腾出空间。第三，就性质而言，立是目的，破是方法和手段。不清除体制机制障碍只进行单方面的改革，建立的新制度也无法正常运行；不明确改革的目的，仅就经济运行的不良表征进行清理，也无法真正构建新型生产关系。因此，必须坚持立破并举，使二者相辅相成、相得益彰。

其次，需要把握好立与破的先后顺序。习近平总书记指出："不能把手里吃饭的家伙先扔了，结果新的吃饭家伙还没拿到手，这不行。"① 生产关系的变革存在一定的风险与不确定性，如果贸然打破现有的生产秩序而没有相应的替代方案，可能会导致社会经济运行出现混乱。先破后立，可能会导致过渡期内制度和管理的真空状态，从而加剧社会不稳定性。同时，旧制度的破除往往意味着现有利益分配格局的改变，新制度的建立也会面临较大的阻碍。因此，在对旧的生产关系进行改革之前，应当首先确立新型生产关系的基础框架。通过先行确立新体制的基础框架，可以有效降低改革风险，增强政策实施的可预见性和可控性。从目前的经济实践来看，一些领域在

---

① 《"不能把手里吃饭的家伙先扔了"（两会现场观察·微镜头·习近平总书记两会"下团组"）》，《人民日报》2022年3月6日第1版。

构建新型生产关系的过程中忽视了立与破的顺序关系，先破后立甚至只破不立，激化了新旧生产关系之间的矛盾，为改革增加了阻力和风险。例如，在推进能源转型的过程中，一些地方政府在新能源产业未发展起来时急于求成搞"碳冲锋"，不但盲目破坏了现有的产业体系，而且没有起到预期的环保效果。因此，在新型生产关系的构建中必须注重先立后破的改革顺序，保障改革过程中社会秩序的稳定性，减少因制度变化带来的不确定性风险。先立后破不仅仅是简单的顺序问题，更是对改革节奏和步骤的一种科学把控，体现了在新型生产关系构建过程中对发展与安全的兼顾。

最后，先立后破、守正创新的落脚点是"稳"。新型生产关系的构建需要坚持全面深化改革，而改革的关键是稳中求进。改革是一项复杂的系统工程，涉及不同领域、不同层次的复杂变革，如何在不同维度之间找到最佳的契合点，实现立与破的动态平衡，是衡量改革成功与否的关键。[1] 在全面深化改革的大背景下，立与破的协调关系成为决定改革能否顺利推进的重要因素之一。作为一种方法论，先立后破、守正创新需要

---

[1] 胡莹、刘铿：《新质生产力推动经济高质量发展的内在机制研究——基于马克思生产力理论的视角》，《经济学家》2024年第5期。

建立灵活的协调机制。在推进新体制建设的同时，也要考虑到旧体制的逐步退出，使改革过程中不会出现制度真空期。针对改革过程中可能出现的各种矛盾和冲突，以及对利益相关方的合理诉求，需要进行充分考虑和有效处理，以实现改革成果的最大化和社会资源的最优配置。

（四）因地制宜，分类指导

因地制宜、分类指导是中国构建新型生产关系时必须坚持的方法原则。这一方法论既是对中国复杂地域特征和发展阶段差异性的深刻认识，也是对地方独特资源禀赋和社会文化多样性的充分考量。通过差异化的发展策略，不仅可以有效激活各地区潜在的发展动能，促进经济结构优化升级，还能在维护生态平衡的基础上实现区域经济的均衡发展。[1] 同时，基于地方实际情况的政策设计与执行，有助于形成政府、市场与社会三者良性互动的局面，共同推动构建适应新时代要求的生产关系，为实现高质量发展奠定坚实的基础。

首先，从经济发展阶段差异的角度来看，中国作为一个地域辽阔、经济发展不平衡的大国，各地区的工业化水平、城镇

---

[1] 徐腾达、彭俊超：《发展新质生产力如何"因地制宜"——我国省域新质生产力发展模式研究》，《当代经济管理》2024 年第 9 期。

化进程及市场化程度存在显著差异。东部沿海地区由于基础较好,在改革开放中发展较快,因其发达的制造业基础和技术密集型企业集群,在转型过程中更侧重于技术创新和服务产业升级;而中西部地区则处于不同的发展阶段,有的地区仍以农业经济为主导产业,因其丰富的自然资源和相对较低的工业化水平,更需要在生态保护的前提下,探索可持续发展的产业路径。因此,在构建新型生产关系时,必须考虑到不同地区的发展基础与发展潜力,实施差异化的政策指导,避免"一刀切"的做法导致资源错配。对于已经具备较强创新能力的城市群,鼓励其发挥引领作用,带动周边地区共同发展;对于资源依赖型城市,着重推动经济多元化发展,减少对单一资源的依赖,从而形成多层次、多中心的发展格局,促进区域协调发展。

其次,从资源分布特点的角度出发,中国幅员辽阔,地大物博,拥有丰富的自然资源,但由于地理环境的复杂多样性,导致自然资源在空间上的分布呈现出显著的不均衡特征。例如,中国的煤炭资源主要集中在山西、陕西等北方省份,而水资源则多分布在南方,由此国家制定西电东送、南水北调等工程平衡各地资源禀赋。部分地区因自然条件限制,自然资源相对匮乏,发展面临诸多挑战。这种资源分布上的异质性对构建新型生产关系提出了新的挑战,在制定发展战略时必须深入分析并充分考虑各地区的资源禀赋与环境承载力，因地制宜设计发展规划。例如，对于资源丰富但开发利用不足的地区，可以通过政策引导和技术支持，推动资源优势转化为经济优势；而对于资源相对匮乏的地区，则应鼓励发展高科技产业和服务型经济，实现可持续发展。新质生产力是绿色生产力，新型生产关系也应注重生态环境保护与可持续发展，各地区还需避免过度开发带来的负外部性，保障经济社会的持续健康发展。为促进区域间协调发展，实现优势互补，还需加强跨区域合作，建立利益共享机制，以缩小区域发展差距和资源禀赋差异。

最后，从社会文化背景的角度看，中国各地区不仅自然条件迥异，而且历史传统、风俗习惯、教育水平等方面也存在较大差异，导致各地民众的思想观念、价值取向、行为模式等方面的多样性。这种社会文化的多元性，不仅是地理结构差异的结果，更是社会演化与文化传承相互作用的体现。因此，在构建新型生产关系的过程中，应当尊重并利用这种多样性，通过分类指导的方式，激发地方的积极性和创造性。比如，在传统文化底蕴深厚的地区，可以鼓励将文化产业与现代服务业相结合，打造具有地方特色的经济新增长点；而在文化交融频繁的地区，则应注重培养开放包容的社会氛围，促进多元文化的融合与发展。总而言之，在推进新型生产关系构建的过程中应遵循因地制宜原则，尊重并充分利用各地社会文化的独特性，采取分类指导的方法，以激发地方的社会活力与创新潜能。

（五）点面结合，系统推进

构建新型生产关系，需要把握好点与面、局部与整体的关系。一方面，对新型生产关系的认识需要从整体性视角出发。新型生产关系是对传统生产方式的一种革新，是对整个生产过程进行的一系列变革，包括技术革新、组织结构调整以及社会经济关系变化等多个维度。数字经济时代，随着信息技术的发展与应用，新型生产关系还体现在数字化、网络化及智能化等特征上，这些新变化不仅提高了生产效率，还促进了资源的有效配置与利用。仅就生产过程而言，新型生产关系的构建不仅涉及生产技术研发体系的完善，还涉及供应链管理、物流、市场分析等多个方面的集成优化。鉴于新型生产关系的复杂性和系统性，点面结合能从更广阔的视野下审视生产力和生产关系的发展趋势，考察其与社会结构、经济制度之间的互动关系，从而对现代经济活动中的新现象、新问题进行理论上的提炼和总结。另一方面，在实践中需要遵循从点到面、从局部到整体、从特殊到一般的认识规律。具体而言，要从具体的案例入手，总结普遍适用的原则，通过局部的改进促进整体系统效能的提升，而整体的优化又为局部创新提供了更广阔的空间。因此，构建新型生产关系，既要注重单点突破，也要将局部探索整合到更大的框架中，从而实现系统层面的协同效应。

点面结合、系统推进的方法论还体现了改革过程中对主要矛盾的认识与把握。习近平总书记在省部级主要领导干部学习贯彻党的十九届六中全会精神专题研讨班开班式上强调："我们要有全局观，对各种矛盾做到了然于胸，同时又要紧紧围绕主要矛盾和中心任务，优先解决主要矛盾和矛盾的主要方面，以此带动其他矛盾的解决，在整体推进中实现重点突破，以重点突破带动经济社会发展水平整体跃升，朝着全面建成社会主义现代化强国的奋斗目标不断前进。"① 随着经济全球化和技术进步的加速，传统的生产方式和组织形式面临着前所未有的挑战，通过在关键重点领域实施改革，可以有效地促进生产力的发展，进而推动整个社会生产关系的优化跃升。重点领域是对国民经济和社会发展具有关键性影响的行业或部门，处于产业链的核心位置，其改革能够影响上下游产业乃至整个国民经济体系的运行机制，产生"牵一发而动全身"的效应。通过推动金融、房地产、高科技行业等重点领域的改革，可以促进资源配置效率的提高，激发市场活力和社会创造力，进而推动

---

① 习近平：《习近平谈治国理政》第四卷，外文出版社2022年版，第31页。

整个社会生产关系向更高层次发展。

由点及面，是一个从局部探索到系统推进的过程。在此过程中，需要抓住重点领域集中突破，将个案研究中的发现提炼总结，形成具有普遍意义的理论概括和实践模式，进而指导更广泛的经济实践。例如，信息技术产业政策的制定中，可以在对成功企业充分考察的基础上，识别高技术行业发展的一般特征，总结出一套适用于其他行业的创新发展路径和政策体系。此外，系统推进还强调了实践中跨领域的协作与联动，强调不同部门、不同地区之间的协调配合，保障新型生产关系能够在全国范围内得到有效推广，从而促进全社会生产力水平的提升。这种全方位、多层次的推进模式，不仅有助于提高全国总体的生产力水平，更是构建现代化经济体系、实现高质量发展目标的关键所在。构建新型生产关系是一项复杂的社会工程，系统推进理念能够保障各个环节协调一致，避免出现因局部进展过快或过慢而引发的不平衡问题。在顶层设计上，需要制定明确的战略规划来指导各部门、各地区根据自身特点探索发展路径；在操作层面上，要通过法律法规、财政金融政策等手段，引导资源配置向有利于新型生产关系形成的方向倾斜。此外，还需建立有效的监督评估体系，及时监测进展情况，根据反馈信息动态调整政策措施，保证改革措施既有力度又有速度，注重效率兼顾公平，实现生产关系的平稳转换。

二 实践内涵

（一）发展新质生产力需要实现新型生产关系的动态适应

马克思主义基本原理认为，生产力包括物质生产力和精神生产力，是人们在劳动生产中利用自然、改造自然以使其满足人的需要的客观物质力量。生产力体现了生产过程中人与自然的关系，标志着人类改造自然的实际能力和水平。生产关系是人们在物质生产过程中结成的社会关系，是生产力诸要素相结合的社会形式，即生产方式的社会形式。人们在自己生活的社会生产中发生一定的、必然的、不以他们的意志为转移的关系，即同他们的物质生产力的一定发展阶段相适合的生产关系。生产力与生产关系之间的辩证关系构成了社会发展的基本动力。生产力的发展水平决定了生产关系的形式，而生产关系又反作用于生产力的发展。在特定的历史阶段，一定的生产力与之相适应的生产关系会形成一种社会形态；当这种生产关系成为生产力进一步发展的桎梏时，新的生产力就会孕育出新的生产关系，从而推动社会变革进入下一个历史阶段。这一理论揭示了社会变迁的根本动力在于生产力的进步与生产关系之间的矛盾运动。新质生产力往往伴随技术创新和社会结构变革，如数字化转型、智能化生产等,不仅改变了传统的生产方式,也对现有的生产关系提出了挑战。因此,在发展新质生产力的过程中,不能孤立地看待生产力的发展,而是要将其放在整个社会系统中;不仅要单纯考察物质和技术层面的进步,还需要深入分析这些生产力变化对生产关系的具体影响,以及生产关系调整对生产力进步的反作用。

新时代以来,各类颠覆性、前沿性技术加速进步,尤其是信息技术、大数据、人工智能等新兴技术的应用,使生产关系经历着深刻的变革。例如,作为新质生产力的重要体现,信息通信技术的快速发展以及大数据、人工智能等新兴技术的广泛应用,不仅改变了生产过程本身,也催生了新的产业形态和服务模式。随着生产力水平的提高,旧有的生产关系可能会变得不合时宜,新的生产关系则会逐步构建以适应变化的技术条件和社会需求。在当前数字经济蓬勃发展的背景下,共享经济、远程办公等新形态正在形成,改变了传统的劳动雇佣模式,个人能够更灵活地参与经济活动。同时,这些新经济形态也对现有的法律框架和社会保障体系提出了挑战。进入信息化时代,知识经济的兴起使得掌握先进技术和信息的人群获得了更多的社会地位与经济利益,但也进一步加剧了社会不平等现象。因此,构建新型生产关系是中国发展新质生产力的必然要求。新的生产关系在鼓励技术创新与应用的同时，也要关注由此带来的社会公平问题。政府需要通过制定相应的法律法规来保护知识产权，激发企业的创新活力，同时要完善社会保障体系，减少技术变革给劳动者带来的不确定性风险。此外，教育体系的改革也需要同步推进，从而培养具备颠覆性创新能力的人才，使其能够适应快速变化的技术环境。通过综合运用政治、经济、法律、教育等多种手段，形成新质生产力发展的对策体系，从而推动社会经济持续健康发展，并最终实现人的全面发展。

（二）以全面深化改革重塑新型生产关系

从改革开放以来的经济实践来看，中国四十多年的经济增长奇迹很大程度上得益于生产力与生产关系的有效互动和匹配，而促进生产关系与生产力相适应的主要手段就是全面深化改革。改革开放以来中国生产力与生产关系之间的互动历程可以被划分为四个阶段，每个阶段都标志着中国经济发展的重大转折点。1978年，随着改革开放政策的实施，中国开始了经济体制的重大改革。最初，改革的重点放在了农村地区，通过实施家庭联产承包责任制，极大地解放了农村生产力，提高了农业产出效率。这一阶段，生产关系的变化主要体现在土地使用权的调整上，农户获得了对土地的直接管理权和收益权，不仅激发了农民的生产积极性，也促进了农产品的商品化，为工业化进程奠定了基础。同时，乡镇企业的兴起成为农村经济发展的另一亮点，不仅吸收了大量农村剩余劳动力，还促进了地方经济的多元化发展。20世纪90年代，中国的改革重心转向城市，国有企业改革成为核心议题之一。这一时期，中国开始探索社会主义市场经济的道路，通过引入市场竞争机制，逐步放松对价格和市场的控制，增强企业的自主经营能力。在此过程中，生产关系发生了深刻变化，私有制经济迅速增长，多种所有制共同发展，形成了公有制为主体、多种所有制经济共同发展的新格局。此外，外商投资企业的发展也为中国的制造业带来了先进的技术和管理经验，推动了产业升级和技术进步，使得中国逐渐成为"世界工厂"。随着对外开放程度的加深，中国的国际地位和影响力也得到了显著提升。21世纪，特别是中国加入世界贸易组织后，进一步融入全球经济体系，生产力得到了前所未有的提高。新时代以来，中国不仅注重数量上的增长，更加重视质量和效益的提升。创新成为驱动发展的新引擎，高新技术产业和服务业得到快速发展。为了适应新的发展阶段，中国出台了一系列政策措施来促进创新驱动发展战略的实施，包括加大科研投入、优化营商环境、推进产学研结合等。同时，在生产关系方面，更加注重公平正义和社会和谐，努力解决城乡差距、区域发展不平衡等问题,推动形成更加合理的收入分配格局。

构建新型生产关系的过程通常伴随生产力的发展和技术的进步。根据历史唯物主义基本原理,生产力是推动社会进步最活跃、最革命的因素,而生产关系则一定要适应生产力发展的要求。当生产力发展到一定程度时,与现有的生产关系之间就会产生矛盾,这时就需要改革生产关系来适应新的生产力水平,从而推动社会向前发展。历史上,每当生产力出现了质的飞跃,都会对传统的生产方式构成挑战,进而要求对生产关系进行调整,如工业革命时期蒸汽机的发明和广泛应用、21世纪以来的信息技术和数字革命等。这种调整不仅是技术层面的变化,更重要的是涉及产权制度、分配制度、管理方式等一系列制度上的变化。只有通过全面深化改革,才能保证生产关系与生产力相适应,从而促进生产力的持续发展。通过全面深化改革,可以有效地解决生产力与生产关系之间的矛盾,促进社会经济的健康发展。因此,全面深化改革不仅是构建新型生产关系的主要手段,更是推动社会转型进步的关键举措。

(三)构建新型生产关系的主线与着力点

构建新型生产关系的手段是全面深化改革,主线是制度建设。长期来看,发展新质生产力必须形成与之相适应的生产关系。目前，新质生产力的发展仍面临一系列的体制机制障碍，需要全面深化改革进行制度创新，调整生产关系和上层建筑使其适应新质生产力的发展要求。面向新质生产力的制度创新要坚持科技体制改革、经济体制改革和政治体制改革多管齐下。在科技体制方面，重点完善社会主义市场经济条件下的新型举国体制，发挥好国家系统布局和前瞻引领的作用，并以市场机制引导创新要素集成。同时，还要不断推进科技管理制度、评价制度和重大项目组织制度等基础制度改革。在经济体制方面，围绕政府与市场这一核心关系，不断完善市场经济基础制度，深入推进宏观调控体系改革，加快建设更高水平的开放型经济新体制。在政治体制方面，坚持深化党和国家机构改革，以现代化的治理体系保障新质生产力健康发展。

构建新型生产关系，需要围绕新质生产力在技术、要素、产业三个维度的发展诉求，以此为着力点进行制度建设。首先，技术创新是新质生产力的核心驱动力。必须加快关键核心技术的研发突破，特别是在人工智能、量子信息、区块链等前沿技术领域，政府应当发挥其引领和支持作用，出台相应的激励政策，提供税收减免、资金补贴等形式的财政支持，降低企业在研发活动中的成本负担，从而鼓励企业更加积极地投入到风险高、周期长、回报大的前沿创新项目中。同时，加强与全球范围内其他国家及地区之间的科技交流与合作，及时掌握世界科技发展的最新动态，引进国外先进技术，促进技术转移和成果转化。此外，还需重视技术标准的制定和完善，保障创新链自主自强。在全球化的背景下，统一的标准体系不仅是保障产品质量与安全的基础，也是推动技术创新成果转化为实际生产力的关键。因此，必须确保新技术的安全可控，并在此基础上推动技术标准的国际化，更好地融入全球经济体系中。通过持续的技术创新，不仅可以提升产品的技术含量和质量水平，还能够促进整个产业链上下游的协同发展，形成技术创新与产业创新互促的良性循环，从而为新质生产力的持续提升提供坚实的物质基础和技术支撑。

新质生产力的发展对策应注重创新要素的集聚与优化配置，特别是人才、资本、数据和技术等关键要素。一方面，要通过教育和培训提高劳动力素质，特别是加强科学、技术、工程和数学教育，以培养出更多能够满足新质生产力需求的专业技能型人才。另一方面，要加大研发投入，鼓励企业提高科研投入比例，为高校和科研机构的基础研究提供更多的资金支持，构建富有活力的创新生态系统，从而促进知识创造与传播，加速科技成果向实际生产力的转化。此外，数据作为一种新型生产要素，其重要性日益凸显。因此，需要建立健全数据共享机制，促进不同主体之间的数据资源开放与流通，保障数据安全和个人隐私。资本方面，要发展耐心资本，创新金融工具和服务，设立专门针对创新型企业和项目的专项基金，来缓解其在成长初期面临的资金压力，支持创新型企业和项目的融资需求，有效降低创新活动的风险，吸引更多社会资本参与到创新活动中，形成以创新驱动为核心的新质生产力增长模式。①

新质生产力的实践载体是新产业，新型生产关系需要推动产业结构的转型升级。新型生产关系的构建不仅标志着经济结构的深层次变革，更预示了未来产业的发展方向。推动产业结构转变的关键则在于实现产业结构由传统向现代的转型升级。要重点扶持和发展战略性新兴产业，如新一代信息技术、高端装备制造、新能源、新材料等，通过政策引导和市场机制相结合的方式，促进新兴产业快速成长壮大。同时，也要注重传统产业的技术改造和升级，通过引入信息化和智能化的技术和工具，提升传统产业的价值创造能力和市场竞争力，使传统产业焕发出新的生命力。此外，还要推动产业链上下游的协同创

---

① 蒋永穆、乔张媛：《新质生产力：逻辑、内涵及路径》，《社会科学研究》2024年第1期。

新，形成产业链条的整体优势，通过构建产业联盟或产业集群的形式，有效促进企业间的交流与合作，实现资源的有效配置与共享，进而发挥出产业链整体的竞争优势。

三　实践路径

（一）完善适应新质生产力的所有制结构

生产资料所有制是生产关系的核心范畴。首先，需要构建新型产权关系。新型产权关系需要适应数字时代的特征，既要保障传统产权的安全稳定，又要促进信息、技术、数据等新型生产要素的合理流动和高效利用。构建新型产权关系需要从法律制度、监管机制、市场环境等多个层面进行综合施策。在法律制度方面，要完善产权保护法律法规体系，明确界定各类产权的范围与边界，保障产权主体的权利得到充分尊重与保护。在监管机制方面，政府应加强对新兴领域的监管力度，建立适应新技术特点的动态监管框架，通过设立专门的数据管理局来统筹管理数据资源，防止数据滥用与泄露，保障数据安全。同时，鼓励行业自律，推动企业建立内部合规体系，增强其自我约束能力，促进信息和技术的安全共享。在市场环境建设方面，要构建开放包容的信息技术交易平台，降低交易成本，提高资源配置效率。一方面，通过建设统一的数据市场，促进不同主体间的信息交流与合作，实现资源共享与优势互补；另一方面，需注重营造良好的创新生态，支持产学研用深度融合，鼓励科研成果转化应用，激发全社会的创新活力。此外，随着数字经济的发展，跨区域乃至跨国界的数据流动日益频繁，因此还需要加强国际合作，共同制定国际规则与标准，确保数据在全球范围内的有序流通。

其次，需要建立完善高效的知识产权综合管理体制。随着全球经济一体化和技术快速迭代，知识产权保护水平已成为衡量一国创新能力的关键指标之一。近年来，中国不断推进知识产权综合管理体制改革，初步形成了高效的知识产权管理体系，鼓励地方先行先试，探索知识产权综合管理的新模式。知识产权综合管理不仅有助于激励创新，还能提升知识产权保护水平，为新质生产力的发展提供坚实的制度保障。

最后，加强产权执法司法保护是促进新质生产力健康发展的基石。随着新质生产力发展，知识产权愈益关乎高新技术创新和核心竞争力的提高，其保护变得尤为重要。目前，中国在国家层面已明确提出要通过深化经济体制、科技体制等改革，打通束缚新质生产力发展的堵点卡点，通过法治手段来保障改革成果。具体而言，要建立健全知识产权的侵权惩罚机制，提高侵权成本，从而维护市场的公平竞争秩序；要加大知识产权侵权行为的打击力度，完善知识产权审判体系，提升执法效能，确保权利人的合法权益得到及时有效的保护；还应推进司法体制改革，加强知识产权法院建设，提升审判效率与质量，保障权利人能够及时有效地获得法律救济；同时，还需构建起覆盖全链条的知识产权服务体系，从源头上激发创新活力，为新质生产力的持续增长营造良好的外部环境。

（二）以制度创新助推直接生产方式变革

制度建设是全面深化改革的主线，也是构建新型生产关系的重要着力点。为推动新型生产关系的形成并促进直接生产方式的变革，需要从多方面进行制度创新。

一是市场经济体制改革。第一，坚持和落实"两个毫不动摇"。要深化国资国企改革，完善中国特色现代企业制度，增强国有企业的核心竞争力，使其成为能够适应市场竞争的主体；推动国有资本向关系国家安全、国民经济命脉的重要行业和关键领域集中，向关系国计民生的公共服务、应急能力、公益性领域等集中，向前瞻性战略性新兴产业集中；优化民营经济发展环境，保障各种所有制企业在市场准入、资源配置等方面的公平待遇，促进非公经济健康发展；通过完善市场准入负面清单制度，健全诚信建设机制等手段，依法保护各种所有制企业的权益，保障其自主经营权，构建高水平社会主义市场经济体制。第二，构建全国统一大市场。要打破地区间的壁垒，形成全国统一的市场准入标准和服务规则，让商品和服务能够在各地自由流通；要建立健全市场监管体系，强化反垄断执法力度，提高市场竞争的公平性；同时还需要进一步简化行政手续，降低企业运营成本，提升市场效率。第三，完善市场经济基础制度。加强产权保护，明确界定产权归属，保护各类产权不受侵犯；建立健全信用体系，促进市场主体间的信息透明度，降低交易成本；完善现代金融体系，为实体经济提供有力支撑，防范金融风险；优化收入分配机制，缩小收入差距，促进共同富裕；健全社会保障体系，为劳动者提供基本的生活保障等。

二是教育科技人才体制机制一体化改革。第一，教育综合改革是推动教育科技人才体制机制一体化改革的基础。应构建以学生为中心的教学模式，通过项目制学习、跨学科学习等方式，激发学生的创造力和解决问题的能力；完善高等教育体系，鼓励高校与企业、科研机构建立合作机制，共同制定课程标准，提高教育内容与产业需求的匹配度，培养适应社会发展的高素质人才；加强信息技术与教育教学深度融合，利用大数据、人工智能等现代技术手段，提供个性化学习方案，满足不同学生的需要。第二，科技体制改革。一方面，要优化科研资源配置机制，简化项目申报流程，减少行政干预，让科研人员能够专注于研究本身；另一方面，建立灵活的科研评价体系，注重成果质量，鼓励原创性研究和跨学科合作。此外，还需加强知识产权保护，鼓励科技成果的转化应用，形成从基础研究到市场应用的完整链条。第三，人才发展体制机制改革。需构建多元化的人才评价机制，建立健全人才流动机制，促进人才在不同地区、不同行业之间的合理配置；加强国际人才交流合作，引进海外高层次人才，支持本土人才"走出去"，增强国际竞争力；要重视人才的持续教育和职业发展，提供终身学习的机会，营造尊重知识、尊重人才的社会氛围等。

三是对外开放体制改革。第一，稳步扩大制度型开放。要在法律体系、监管框架以及服务标准等方面与国际接轨；完善外商投资法及其实施细则，保障外资企业权益，简化审批流程，减少不必要的行政干预，营造公平竞争的市场环境；推动服务业开放，鼓励金融、教育、医疗等领域的国际合作与交流，促进服务贸易自由化、便利化。第二，需要深化外贸体制改革。简化海关手续，降低进出口环节的制度性成本，提升通关效率，为进出口企业提供更加便捷的服务；加大对跨境电商等新型贸易业态的支持力度，促进数字经济的发展，利用互联网技术拓展国际市场；积极发展绿色贸易，推动环保技术和产品的出口，助力全球实现可持续发展目标。

（三）促进先进生产要素的顺畅流动

发展新质生产力，需要构建能够促进生产要素创新配置的新型生产关系。要完善主要由市场供求关系决定要素价格机制，防止政府对价格形成的不当干预。从市场的角度来看，市场机制是资源配置的决定性力量，通过供求关系、价格信号以及竞争机制等自发调节生产要素的流向。市场主体以利润最大化的行为范式，追求技术革新和管理创新，从而推动先进生产要素向更有潜力和发展前景的领域集中。因此，在市场机制的作用下，需要鼓励企业加大研发投入，优化人才激励机制，完善知识产权保护体系，从而促进先进生产要素顺畅流动。此外，构建开放包容的市场环境，减少不必要的行政干预，提高市场透明度，也有助于保障市场健康发展。然而，市场的自发调节并非总是能够达到最优状态，信息不对称、负外部性、市场失灵等问题需要政府的角色来补充市场的不足。从政府的角度来看，需要通过制定合理的政策框架，引导和保障先进生产要素的有效配置。通过改革户籍制度、简化人才引进程序、优化税收政策等方式，减少要素流动的壁垒。特别是在高新技术产业、数字经济等领域，政府可以通过设立专门基金、提供研发补贴等措施，鼓励企业增加对先进技术的投资与应用。此外，针对新型生产要素，需要建立健全数据产权制度，促进数据资源的合法合规共享，推动数据要素成为经济增长新动力。

健全劳动、资本、土地、知识、技术、管理、数据等生产要素由市场评价贡献、按贡献决定报酬的机制。对于劳动要素，要明确劳动条件、工资待遇、社会保障等劳动者权益，着力保障劳动者的基本权益；要通过职业技能培训和教育提升劳动者的技能水平；提高劳动市场信息透明度，使劳动者能够根据市场信号匹配工作岗位，同时为企业提供有效的招聘渠道。对于资本要素，应以市场为导向，通过合理的利率和回报率来体现资本的稀缺性和风险度，要深化金融体制改革，发展多层次资本市场，促进资本市场的健康发展，提高直接融资比例，降低间接融资的成本，使资本能够流向最有潜力的企业。对于土地要素，要健全土地要素市场评价与报酬机制，改革土地使用制度，明确土地所有权和使用权边界，允许土地使用权依法流转，通过市场机制来发现土地的真实价值。同时，还要注意保护农民的土地权益，防止因土地流转引发的社会不稳定因素。对于知识和技术这类无形生产要素，要完善知识产权保护制度，严格执法打击侵权行为，保护专利、版权等知识产权，鼓励创新和研发。此外，还要促进产学研结合，加快科技成果转化为现实生产力的速度。对于管理要素，要通过合理的激励机制，如股权激励、绩效奖金等方式，吸引和留住人才，提高企业的管理水平和竞争力。对于数据要素，健全数据要素市场评价与报酬机制，需要构建数据共享平台，促进数据的合法合规流动，同时也要保护个人隐私和数据安全。通过制定相关政策法规，引导企业在利用数据创造价值的同时，保障数据使用的合法性与道德性。总而言之，健全生产要素由市场评价贡献、按贡献决定报酬的机制，关键在于确定清晰的所有权关系，实施严格的产权保护制度，形成有效的市场交易规则。

（四）深化分配制度改革

随着新质生产力的发展，原有的分配制度面临着调整与变革。新质生产力具有高技术、高效能、高质量特性，适应于新质生产力的分配制度不仅要能够促进经济增长，还应该能够使发展成果惠及广大人民群众。[①] 在初次分配方面，为适应新质生产力的发展，必须完善各类生产要素共同参与的收入分配机制，保障劳动、知识、技术、管理、资本和数据等生产要素根据贡献得到合理的回报，从而激发各类生产要素的活力。特别是对于劳动者而言，需要提高其在初次分配中的比重，建立健

---

① 王平：《新质生产力条件下的新型生产关系：塑造与调适》，《当代经济研究》2024 年第 7 期。

全劳动者工资决定、合理增长、支付保障机制，保障劳动者在发展新质生产力过程中获得合理的劳动报酬。再分配方面，需要发挥政府的作用来调节收入差距，通过税收、社会保障、转移支付等手段实现收入的再分配。政府要加快推进基本公共服务均等化，缩小收入分配差距，使广大人民群众共享新质生产力发展的成果。三次分配是指慈善捐赠等非强制性的财富再分配方式。随着新质生产力的发展，高收入群体和社会组织可以更多地参与到慈善事业中，支持教育、科研、文化、卫生等公益事业的发展，帮助弱势群体，促进社会公平正义。三次分配作为初次分配和再分配的有益补充，有助于缓解社会矛盾，促进社会和谐稳定。总而言之，构建与新质生产力发展相适应的收入分配体系，需要充分发挥市场机制的作用，不断完善各类生产要素共同参与的收入分配机制，同时加强政府在收入再分配方面的调节作用，鼓励三次分配发展，以此实现新质生产力发展成果由人民共享。

（五）形成扩大消费需求的长效机制

一是合理增加公共消费。首先，政府需要结合新型生产关系的特征来优化公共消费结构，将更多公共资金投入到教育、医疗、文化以及环境保护等领域，不仅能够直接改善民生，提高民众的生活质量和满意度，还能够通过提升整体社会的供给质量和福祉水平，间接促进私人消费的增长。面向新质生产力的发展需求，要加强教育投资提高劳动力素质进而增强创新活力。此外，政府还可以通过采购环保产品和服务的方式，引导消费者转变消费模式，推动产业经济绿色化转型。其次，公共消费还可以引领消费新趋势。政府作为市场上的重要参与者，其消费选择具有较强的示范效应。当政府积极采用新技术、新产品时，不仅能够直接支持新兴产业的发展，还能提高公众对于新技术的接受度，促进科技成果转化及应用市场的拓展。此外，政府还可以通过举办各种展览、论坛等活动，展示并推广创新成果，进一步放大其在引领消费新方向方面的积极作用。最后，通过公共消费刺激经济活动是扩大消费需求的有效手段。特别是在经济面临下行压力时，政府增加公共消费可以作为一种逆周期调节措施，通过加大公共支出力度来提振总需求，促进经济增长。同时，通过强化社会保障网络增加公共消费，降低居民对未来不确定性的担忧，可以有效降低储蓄率，提高消费率。此外，加大对科技基础设施建设以及相关公共服务的投资力度，不仅可以直接提升人民的生活质量，还能通过创新传导效应促进新质生产力发展，从而进一步促进消费市场的繁荣与发展。

二是积极推进首发经济。首发经济是指企业发布新产品，推出新业态、新模式、新服务、新技术，开设首店等经济活动的总称，涵盖企业从产品或服务的首次发布、首次展出到首次落地开设门店、首次设立研发中心，再到设立企业总部的链式发展全过程。在企业层面，首发经济的核心在于持续不断地推出具有市场竞争力的新产品、新服务和新业态。因此，企业需要密切关注市场动态，把握消费者需求的变化趋势，并以此为导向投入研发力量，创新既符合市场需求又具备市场前瞻性的产品和服务。企业还应注重商业模式的创新，探索共享经济、订阅制服务等新型商业形态，以此来吸引更多消费者的关注，激发潜在的消费需求。在社会层面，文化建设对于推动首发经济也同样重要，通过媒体宣传和社会教育，引导公众树立正确的消费观，倡导理性消费，避免盲目跟风，促进健康消费文化形成。此外，随着信息技术的普及，数字平台成为消费者获取信息、交流经验和分享感受的重要渠道，因此，构建健康的网络环境，鼓励消费者积极参与产品评价和服务反馈，不仅能帮助消费者做出更准确的选择，也有助于企业及时了解市场需求，调整经营策略，更好地服务于广大消费者。

三是健全绿色消费激励机制。绿色是新质生产力和新型生产关系的底色。扩大绿色消费，必须营造有利于绿色消费的社会环境，通过政府、社会团体以及媒体的多方努力，增强公众对绿色消费的认识和理解，增强社会环保意识。政府可以通过提供绿色消费补贴、发放绿色消费券等方式，引导消费者转向绿色消费，通过提供税收优惠、财政补贴等方式激励企业增加对环保技术的研发投入，降低绿色产品的生产成本，使其在市场上具有更强的竞争力。企业作为市场经济的主体，需要承担起社会责任，积极研发和推广绿色产品，主动适应市场需求变化，不断改进产品设计，提高产品质量，满足消费者的多样化需求。[1]

---

[1] 姜长云：《新质生产力的内涵要义、发展要求和发展重点》，《西部论坛》2024年第2期。

第四章
关键着力点——进一步全面深化改革 构建高水平社会主义市场经济体制

一 新型生产关系与高水平社会主义市场经济体制的辩证关系

（一）新型生产关系为构建高水平社会主义市场经济体制提供经济基础与制度保障

加快形成新型生产关系，是构建高水平社会主义市场经济体制的重要内容，并为其提供经济基础与制度保障。随着中国进入发展新阶段、走上现代化新征程，高质量发展和中国式现代化正稳步推进，特别是新质生产力的形成和加快发展，要求必须进一步全面深化改革，加快形成同新质生产力更相适应的生产关系和构建高水平社会主义市场经济体制。党的二十届三中全会紧紧围绕中国式现代化部署进一步全面深化改革，指出"高水平社会主义市场经济体制是中国式现代化的重要保障",① 凸显了构建高水平社会主义市场经济体制对推进中国式现代化的重大意义。构建高水平社会主义市场经济体制,其核心在于进一步深化经济体制和科技体制改革,调整和理顺分配模式、交换机制、所有制结构等关键环节,大力培育新质生产力和建立相适应的新型生产关系,从而为经济高质量发展和中国式现代化提供制度保障。在理论逻辑层面,新型生产关系为构建高水平社会主义市场经济体制提供了新的思路和方向;在现实逻辑层面,加快形成新型生产关系,是构建高水平社会主义市场经济体制的重要内容,并为其提供经济基础与制度保障。

1. 新型生产关系为构建高水平社会主义市场经济体制提供经济基础

马克思认为,生产力和生产关系的矛盾运动是人类历史发展的根本动力,人类社会历史发展的基本规律从根本上体现为生产力与生产关系、经济基础与上层建筑矛盾运动的规律。生产力决定生产关系,经济基础决定上层建筑,而生产关系和上层建筑又具有反作用。新型生产关系作为适应新质生产力发展

---

① 《中共中央关于进一步全面深化改革 推进中国式现代化的决定》,人民出版社2024年版,第6页。

水平、性质和现实情况的生产关系，对劳动者、劳动资料、劳动对象等生产力基本要素进行更高效率的配置，能够推动新质生产力形成和加快发展。同时，新质生产力是由技术革命的重点突破不断推动而形成的，它的发展同样需要生产关系的调整和社会制度的支撑。因此，进一步推动新质生产力加快发展，就必须形成和完善与之相适应的新型生产关系。

第一，新型生产关系有效推动科技创新培育和发展。新型生产关系必然高度符合科技创新活动的规律，[1] 科技是第一生产力，新质生产力的特点就是创新，科技创新一旦成功，就会对经济社会发展产生重大推动作用。科技水平及科技人才水平已经成为推动新质生产力发展的决定性因素，这就要求新型生产关系必须满足科技创新的需要，充分尊重科学研究活动的规律，创造宽松自由的科研环境、科研成果转化应用机制、科研服务和保障机制、激励创新的科研评价机制，全方位营造让科研人员潜心研究的科研生态，筑牢适合科技创新的物质基础。总体而言，新型生产关系的建立有利于为科技自立自强以及人才创新突破提供坚强的物力支持和体制机制保障，推动科技创新培育和发展，同时又

---

[1] 王琛伟：《新型生产关系的特点和形成路径》，《人民论坛·学术前沿》2023 年第 9 期。

能有效防范和化解可能产生的创新风险。

第二，新型生产关系注重发挥市场在资源配置中的决定性作用，激发市场主体活力。新型生产关系完善要素市场制度和规则，切实保障各类市场主体依法平等使用资源要素、同等受到法律保护，破除妨碍市场准入和退出、妨碍商品和要素的自由流动、影响生产经营成本和影响生产经营的制约因素，进一步明确市场主体的权利和责任，激发企业的创新活力和市场竞争力；新型生产关系深化法治建设，营造公平公正公开的市场环境，发挥法治固根本、稳预期、利长远的重要作用，全面释放各类市场主体活力，尤其是对于战略性新兴产业和未来产业，通过系统性的制度设计，解决瓶颈期困难，真正发挥法治在科技创新、改革、转化、保护等方面的基础保障作用。①

第三，新型生产关系助力于现代化产业体系的构建。发展新质生产力和构建现代化产业体系需要畅通"教育—科技—人才"的良性循环，科技创新是发展新质生产力的核心要素，推动科技创新关键在于人才和教育，教育、科技、人才三者密不可分。一方面，新型生产关系打通了制约创新教育、科技、

---

① 程恩富、罗玉辉：《论塑造与新质生产力相适应的新型生产关系——学习党的二十届三中全会精神体会》，《思想理论教育导刊》2024年第8期。

人才一体化的堵点卡点，遵从战略性新兴产业和未来产业发展要求，从体制机制上保障科技创新，大力培养国家重点领域科技创新的战略人才力量；另一方面，新型生产关系畅通了"科技—产业—金融"良性循环，促进创新链、产业链、资金链深度融合，推动科技成果加快转化为现实生产力；进一步优化、整合相关部门产业的联动关系，构建起科技、产业、金融高效协同和顺畅衔接的发展全链条，推动传统产业深度转型升级，以工程化与重大科技创新融合改善传统产业，助力构建战略性新兴产业与未来产业、主导产业、支柱产业依次递进的现代化产业体系。

2. 新型生产关系为构建高水平社会主义市场经济体制提供制度保障

党的二十届三中全会指出："以经济体制改革为牵引，以促进社会公平正义、增进人民福祉为出发点和落脚点，更加注重系统集成，更加注重突出重点，更加注重改革实效，推动生产关系和生产力、上层建筑和经济基础、国家治理和社会发展更好相适应，为中国式现代化提供强大动力和制度保障。"[①]

[①]《中共中央关于进一步全面深化改革　推进中国式现代化的决定》，人民出版社2024年版，第3—4页。

塑造与新质生产力相适应的新型生产关系，为高水平社会主义市场经济体制提供了相关制度保障。

第一，新型生产关系有助于深化产权制度改革，健全产权保护制度。产权是生产资料所有制的核心和市场经济的基石。新质生产力的发展是以新技术、新要素、新产业为主要特征的生产力，特别是数据、技术等新兴生产要素成为新质生产力的新型生产要素，其在配置形式层面也呈现出灵活多样的特点，新型生产要素的出现以及要素多样化的配置方式决定了必须对传统产权制度进行改革，推动产权制度的时代创新。新型生产关系深化要素产权体制机制改革，建构数据产权制度，推动数据产权结构性分置；强调健全产权保护制度，如加强知识产权保护、维护公平竞争秩序等，依法保护各种所有制主体合法权益，激发各类市场主体活力。进一步加强知识产权保护、打击侵权行为、维护公平竞争秩序等重点任务的推进。

第二，新型生产关系有助于健全宏观经济治理体系。科学的宏观调控、有效的政府治理是发挥社会主义市场经济体制优势，特别是更好地发挥政府作用和市场机制作用的必然要求，同时也是推动实现国家治理体系和治理能力现代化的应有之义。宏观经济治理体系是一个多部门协同的政策体系，其健全必须发挥政府统筹协调和组织作用，新型生产关系更加注重系统集成、问题导向和改革实效，更加注重规范化、制度化和法治化。以深化改革、完善体制机制来健全宏观经济治理体系，将有效增强宏观经济治理效能，有力促进经济持续健康稳定发展，推动财税体制和金融体制改革，进一步优化区域协调发展战略机制，包括健全和完善现有的区域发展战略和促进区域之间的横向协作。

第三，新型生产关系助力塑造开放型经济新体制。习近平总书记指出："建设更高水平开放型经济新体制是我们主动作为以开放促改革、促发展的战略举措。"[1] 新型生产关系以制度型开放为引领，一是推动国际规则国内化，对标国际规则、规制、管理、标准，推进国内营商环境的制度化、法治化发展，提升国内国际市场经济体系与监管模式的兼容性。[2] 二是更加有效地利用国内国际两个市场。立足国内大循环吸引全球资源，充分利用技术、管理、国际资本和数据等生产要素和创新要素。以自贸试验区为试点，探索促进生产要素和创新要素跨境自由流动、提升市场化配置效率

---

[1] 《习近平主持召开中央全面深化改革委员会第二次会议强调　建设更高水平开放型经济新体制　推动能耗双控逐步转向碳排放双控》，《人民日报》2023 年 7 月 12 日第 1 版。

[2] 刘文祥：《塑造与新质生产力相适应的新型生产关系》，《思想理论教育》2024 年第 5 期。

的体制机制。三是坚持"走出去"和"引进来"相结合。国际科研合作的潮流不可阻挡，中国要主动扩大国际合作，积极"走出去"，通过政策支持等方式打造具有全球竞争力的创新生态。

（二）高水平社会主义市场经济体制是建立新型生产关系的内在要求与主要抓手

构建高水平社会主义市场经济体制是建立新型生产关系和因地制宜推动新质生产力发展的内在要求与主要抓手。习近平总书记指出，"在社会主义条件下发展市场经济，是我们党的一个伟大创举"。[①] 社会主义市场经济体制作为改革开放以来的伟大创造，已成为社会主义基本经济制度的重要组成部分。党的十八大以来，在以习近平同志为核心的党中央领导下，我们围绕使市场在资源配置中起决定性作用和更好发挥政府作用，全方位、深层次、系统性推进全面深化改革，重要领域和关键环节改革取得决定性成果，社会主义市场经济体制更加系统完备、更加成熟定型。新时代新征程，随着新一轮科技革命和产业变革的上演，现阶段形成和发展新质生产力不仅需要科

[①] 中共中央文献研究室编：《习近平关于社会主义经济建设论述摘编》，中央文献出版社2017年版，第64页。

技创新和产业深度转型升级，而且涉及发展方式转换与体制机制调整。"经济基础是全部生产关系的总和，经济基础决定上层建筑，上层建筑反作用于经济基础"是社会历史演进的基本规律。习近平总书记指出："我们要勇于全面深化改革，自觉通过调整生产关系激发社会生产力发展活力，自觉通过完善上层建筑适应经济基础发展要求，让中国特色社会主义更加符合规律地向前发展。"[1] 新质生产力发展需要有与之相适应的上层建筑，高水平社会主义市场经济体制的构建涉及政治、文化、社会、生态等上层建筑各个方面，以完善高质量经营主体、高标准市场体系、高效率市场经济基础制度和高效能治理体系为重点任务，不仅是落实全面深化改革形成、推动新型生产关系的建立与完善的内在要求，更是其实践要义，为建立新发展格局、实现高质量发展和中国式现代化注入新动能、提供有力制度保障。

首先，高水平社会主义市场经济体制的核心特征是"有效市场和有为政府的有机结合"。充分发挥市场在资源配置中的决定性作用，更好发挥政府作用，使市场"无形之手"充分施展、政府"有形之手"有为善为，实现有效市场和有为

---

[1] 习近平：《习近平著作选读》第二卷，人民出版社2023年版，第163页。

政府有机统一。一方面打造富有活力、竞争力和创造力的高水平市场主体；另一方面提高政府的现代化治理能力，健全宏观经济治理体系。高水平社会主义市场经济体制核心本质在于以政府的有为推动市场的有效。政府有为推动市场有效，在于立足新发展阶段，引领形成新发展格局，为建成高水平社会主义市场经济体制指引方向；政府有为推动市场有效，在于通过法治建设，为建成高水平的社会主义市场经济体制营造公平的营商环境；政府有为推动市场有效，在于激发市场主体的创新精神，促使其更积极、更主动，为构建高水平的社会主义市场经济体制注入活力。① 同时，"市场有效"将倒逼政府推进治理方式和治理能力现代化、健全宏观经济治理体系，对"政府有为"提出新的要求。在全面深化改革和构建高水平社会主义市场经济体制的进程中，随着市场经济体制水平提升即市场主体能动性提升、市场范围扩大、市场要素更广流动性更强等，也对政府的职能定位和治理方式提出新的要求和规定。政府需通过科学的宏观调控、有效的政府治理，切实履行职责，不断提高人民的生活质量和新质生产力发展水平，在动态中建

---

① 常庆欣：《有效市场和有为政府更好结合　推进构建高水平社会主义市场经济体制》，《山东社会科学》2021年第2期。

成高水平社会主义市场经济体制。总的来说,高水平社会主义市场经济体制通过构建高效透明、公平竞争、充分开放的市场环境,促进生产要素和资源的优化配置,提高全要素生产率,为高质量发展提供坚实支撑。这也是建立新型生产关系的内在要求,即通过推动体制机制创新和完善政策路径,推动新质生产力高效发展。

其次,高水平社会主义市场经济体制坚持"两个毫不动摇",以科技体制创新为引领,激发各类微观主体活力,推动形成高效的要素创新性配置方式、新型生产组织方式,保障和健全因地制宜发展新质生产力的新型体制机制。高水平社会主义市场经济体制以坚持"两个毫不动摇"为重点,激发经济主体活力。面对更加不确定、不稳定的国际环境,主动适应以人工智能为代表的新一轮科技革命和产业变革的快速兴起,深化国资国企全面改革,推进国有经济布局优化和结构调整,更好发挥竞争领域部分主要央企国资的基础性作用。一是发挥以人工智能为重点的重大基础设施的主要建设者作用;二是发挥在基础创新领域的重要推动者作用;三是发挥战略性新兴产业集群与关键产业链供应链的重要带动者作用;四是发挥实现共同富裕的重要促进者作用,推动国有资本做优做强。同时,高水平社会主义市场经济体制为民营经济营造公平发展的良好环境。① 进一步破除民营经济进入市场的各类壁垒，持续优化民营经济发展的市场环境、竞争环境、政策环境和法治环境，确保各类经营主体依法平等使用生产要素、公平参与市场竞争、同等受到法律保护；以尊重市场规律为前提强化对民营资本的引导规范，清晰界定其发展的边界与原则，明确坚守"红线"与"底线"，同时深化"法无禁止即可为"的理念，加强法治框架内的监管措施，并在遵循市场规律的基础上，积极引导民营资本贡献于带动就业、增加收入以及科技创新等关键领域和以战略性新兴产业、未来产业为代表的前沿领域，确保民营资本的健康有序发展。

再次，高水平社会主义市场经济体制是形成推动新质生产力高效发展的创新体制机制的实践要义。新一轮科技革命和产业变革正催生新的生产力和经济业态，新质生产力是由技术革命性突破、生产要素创新性配置、产业深度转型升级而催生的更高水平和更优质态的生产力，构建高水平社会主义市场经济体制要求进一步深化科技创新体制改革，形成适

---

① 迟福林：《构建高水平社会主义市场经济体制的核心及重点》，《人民论坛》2024 年第 15 期。

应新质生产力时代特征、现实水平和发展状况的新型生产关系。要健全关键核心技术攻关新型举国创新体制,加强国家战略科技力量建设,优化重大科技创新组织机制,有效打通堵点卡点,提高要素配置效率,促进各类先进优质生产要素顺畅流动,为发展新质生产力营造良好制度环境;推动构建有利于基础研究和原始创新的体制机制,加大对基础学科的政策支持力度,提高基础研究和原始创新经费占比,优化国家实验室、重点实验室等结构布局,提升中试平台、专利基础信息资源的开放水平,构建开放共享互动的创新网络;通过畅通"科技、教育、人才"的良性循环互动,推进产学研一体化建设发展,强化企业在科技创新中的主体地位,大力培养以战略科学家、卓越工程师等为代表的创新人才,强化人才激励机制、完善人才流动机制、健全人才评价机制;加速形成高效的科技成果转化全链条,支持行业龙头企业与高校、科研院所开展深度合作、协同创新。

最后,高水平社会主义市场经济体制助力于建设更高水平开放型经济新体制,为因地制宜发展新质生产力、塑造新型生产关系提供有力保障。发展新质生产力核心在于科技创新培育和发展,强调高水平科技自立自强,但这并不意味着闭门造车,而是要实现自立自强和对外开放的有机统一,形成"开放创新生态"。塑造新型生产关系必须建设更高水平开放型经济新体制，建设更高水平开放型经济新体制是我们主动作为以开放促改革、促发展的战略举措。实现制度型开放的新突破，以制度型开放促进服务贸易创新发展，以开放促改革、促发展，倒逼深层次制度性变革。推动构建"开放与改革深度融合、制度型开放与制度性变革直接融合、边境内开放与市场化改革直接融合"的高水平开放新格局。此外，还要进一步扩大对外开放，积极参与全球经济治理体系改革和建设。对接国际贸易先进规章制度和商品市场法律体系，积极实施自由贸易区提升战略和自由贸易港建设战略，推动构建开放包容、协调一致且互利互惠的国际市场，形成更大范围、更宽领域、更深层次的对外开放格局。立足新发展阶段，构建新发展格局，有助于国内充分利用国际资源和市场，推动新质生产力的发展，进而促进新型生产关系的形成。

(三) 二者相互依赖、相互促进，统一于推动新质生产力加快发展进程

新质生产力的发展既是理论问题，也是实践问题；既是一个发展命题，也是一个改革命题。基于生产力和生产关系、经济基础和上层建筑辩证统一的原理，随着新质生产力的形成落地，传统的生产关系难以满足新时代经济发展的新要求，亟须通过以全

面深化改革为引领,塑造与高水平社会主义市场经济体制相适应的新型生产关系。形成与新质生产力相适应的新型生产关系是一个系统性工程,在社会主义生产关系的基本范畴内,既要变革阻碍新质生产力发展的旧的生产关系,又要根据新质生产力的发展要求建构新的生产关系,从而塑造发展、保护新质生产力的新型生产关系。必须进一步全面深化各领域各方面改革,推动构建高水平社会主义市场经济体制,充分发挥新型生产关系对新质生产力形成与加快发展的制度保障作用,应特别重视通过改革建立与之相适应的各类管理体制和运行机制。

新型生产关系和高水平社会主义市场经济体制相互依赖、相互促进,二者辩证统一于推动新质生产力加快发展和中国式现代化的伟大实践中,共同构成了推动经济社会高质量发展的核心动力体制机制。

在推动新质生产力发展的实践进程中,需坚持唯物辩证法,打通各自的难点堵点,促进二者有机结合发挥其对全面深化改革、经济高质量发展的强大合力。对于新型生产关系的形成,迫切需要解决"创新"和"质优"两方面问题。① 关键是

---

① 王琛伟:《新型生产关系的特点和形成路径》,《人民论坛·学术前沿》2023年第9期。

要进一步深化经济体制改革、科技体制改革，着力解决束缚新质生产力发展的突出问题；而高水平社会主义市场经济体制的构建，亟须新型生产关系的建立完善，要处理好"政府与市场的关系"这个核心问题，围绕使市场在资源配置中起决定性作用和更好发挥政府作用，全方位展开、系统性推进改革，在重要领域和关键环节改革取得决定性成果。

二 进一步全面深化改革构建高水平社会主义市场经济体制的着力点

（一）坚持和落实"两个毫不动摇"

1. 毫不动摇巩固和发展公有制经济

要进一步巩固公有制在国民经济中的主体地位，深化国资国企改革，不断"做强做大做优"国有企业。一方面，要增强国资国企核心功能、提高核心竞争力。党的十八大以来，中国在做大国有资本和国有企业方面实现了重要突破。截至2023年年底，全国国资系统监管企业资产总额比2012年年底增长3.4倍；营业收入、利润总额分别比2012年增长1.1倍、1.2倍；2012—2023年累计实现增加值146.9万亿元，年均增长8.1%。但从实践看，国有资本"大而不优"和"大而不强"的矛盾依然突出。2023 年,央企净资产收益率为 6.6%,低于"民营企业 500 强"的平均水平(10.8%)。① 针对国有企业改革和国有资产管理,党的二十届三中全会指出:"进一步明晰不同类型国有企业功能定位,完善主责主业管理,明确国有资本重点投资领域和方向。"② 这就要求要进一步深化国企改革,坚持增强国资国企核心功能、提高核心竞争力的改革重点,加快形成与中国基本经济制度和高水平社会主义市场经济体制相适应的国有资产管理体制、现代企业制度与市场化经营机制。同时要进一步发挥国企央企的基础性作用。部分主要国企央企需加快专业化整合,推动国有资本向主业企业、优势企业、链长企业集中,带动产业链上、中、下游企业共同发展,提升产业链供应链韧性和安全水平,为新质生产力发展提供有力支撑;国企央企需加大科技创新投入,提升核心竞争力,要加大基础研究和原始创新资金投入、集中力量突破关键核心技术"卡脖子"的问题;要进一步完善科技创新体制机制,健全创新人才评价和激励机制,弘扬企业家精神,以创新

---

① 迟福林:《构建高水平社会主义市场经济体制的核心及重点》,《人民论坛》2024 年第 15 期。
② 《中共中央关于进一步全面深化改革 推进中国式现代化的决定》,人民出版社 2024 年版,第 7 页。

人才队伍建设驱动国有企业创新发展，激发科技人员的创新活力和创造力，推动国有企业实现高质量发展。

另一方面，持续推进国有经济布局优化和结构调整，明晰国有企业职能定位。进一步深化分类改革、分类考核、分类评价、分类核算，完善主责主业管理，明确国有资本重点投资领域和方向，推动国有资本的"三个集中"。[①] 加大对前瞻性战略性新兴产业和未来产业、先进制造业和现代服务业的投入，提升国有资本在这些领域的引领带动作用。同时，要进一步明晰商业经营性国企、公益事业保障类国企和特定功能类国企的职能定位，不断优化国有资本投资，推进能源、电信、水利、铁路、公用事业等行业自然垄断环节独立运营和竞争性环节市场化改革，健全监管体制机制。概括来说，国企国资改革的核心思路是分类评价、合理激励，让经营性和事业性国有企业区分开来，把产业目标和事业目标区分开来，在分类改革的基础上不断"做强做大做优"国有企业。[②] 此外，在深化国资国企改革、发展国有经济的同时，要大力发展和壮大集体经济，构

[①] "三个集中"是指向关系国家安全和国民经济命脉的重要行业和关键领域集中，向关系国计民生的公共服务、应急响应与公益性领域等集中，向前瞻性战略性新兴产业集中。

[②] 周绍东：《以"六个坚持"为指导构建高水平社会主义市场经济体制》，《理论与改革》2024年第5期。

建产权明晰、分配合理的运行机制，赋予农民更加充分的财产权益，培育和发展农业新质生产力，实现新型农村经济健康发展。通过因地制宜探索农村集体经济多样化发展途径、创新农村集体经济运营机制、深化农村集体产权制度改革、强化农村集体经济要素支撑和严控农村集体经济经营风险，完善农村基本经营制度、巩固公有制经济在整个国民经济中的主体地位。

2. 毫不动摇鼓励、支持、引导非公有制经济发展

对非公有制经济而言，要优化民营企业发展环境，激发民营经济活力。民营经济是社会主义市场经济的重要组成部分，截至2024年6月底，中国民营经济经营主体数量超1.8亿户，占所有经营主体的比重为96.4%，民营企业的发展状况很大程度上决定了经济运行态势。党的十八届三中全会指出，"国家保护各种所有制经济产权和合法利益"。[1] 党的二十大报告指出，"优化民营企业发展环境，依法保护民营企业产权和企业家权益"。[2] 随着经济下行压力增大和经济结构转型期的"阵痛"，推动科技创新、提振市场信心、激发经济主体活力

---

[1] 《中共中央关于全面深化改革若干重大问题的决定》，人民出版社2013年版，第8页。

[2] 习近平：《高举中国特色社会主义伟大旗帜 为全面建设社会主义现代化国家而团结奋斗——在中国共产党第二十次全国代表大会上的报告》，人民出版社2022年版，第29页。

尤其是民营企业活力变得尤为关键。

首先要保障平等竞争，优化市场环境。要深化市场准入制度改革，积极推进"负面清单"制度，确保基础设施的竞争性领域对各类经营主体公平开放，破除民营经济进入市场的各类壁垒。例如，鼓励社会资本和民营资本向石油、电力、铁路等基础领域和教育、文化、旅游等现代服务业领域进军，降低其市场准入门槛；支持着力完善民营企业参与国家重大项目建设工程的长效机制，明确支持具备条件的民营企业在国家重大技术攻关项目中发挥牵头作用，进一步向民营企业开放国家重大科研基础设施资源，以充分利用民营企业的创新能力和灵活性，共同推动科技进步和产业升级，促进民营企业的持续参与和发展。此外，国家应依法保障民营企业经济产权和合法权益，废除对非公有制经济各种形式的不合理规定，消除各种隐形壁垒，确保各种所有制经济主体依法平等使用生产要素、公平参与市场竞争、同等受到法律保护。

其次要加大资金支持，改善融资环境。一方面，要拓宽民营企业融资渠道，建立以银行融资、股权融资和债券融资为主的多元融资渠道，发挥金融行业对民营企业的"供血"功能，金融机构应加大对民营企业的支持力度，通过创新金融产品和服务模式，满足企业多样化的融资需求；政府还应积极设立和发展中小型金融贷款机构，放宽金融业准入，鼓励民间资本进入金融业，为非公有制企业提供更多的融资渠道。另一方面，要加强对民营企业融资的政策支持力度，完善制度保障，破解融资难、融资贵问题。健全涉企收费长效监管和拖欠企业账款清偿法律法规体系，加快建立民营企业信用状况综合评价体系，健全民营中小企业增信制度。支持引导民营企业完善治理结构和管理制度，加强民营企业合法合规建设和廉洁风险防控。加强事中事后监管，规范涉民营企业行政检查。

最后要强化法治保障，健全法治环境。社会主义市场经济是法治经济，要依法保护民营企业产权和企业家权益，防止和纠正利用行政或刑事手段干预经济纠纷等现象，打击执法司法中的地方保护主义。进一步规范涉产权强制性措施，避免超权限、超范围、超数额、超时限查封扣押冻结财产；构建民营企业源头防范和治理腐败的体制机制；持续完善知识产权保护体系，加大对民营中小微企业原始创新保护力度；完善监管执法体系，加强监管标准化规范化建设，依法公开监管标准和规则，增强监管制度和政策的稳定性、可预期性。[1]

---

[1] 《中共中央 国务院关于促进民营经济发展壮大的意见》，《中华人民共和国国务院公报》2023年第22号。

3. 发挥公有制和非公有制经济对高水平社会主义市场经济体制构建的强大合力

必须坚持和落实"两个毫不动摇",公有制经济和非公有制经济都是社会主义市场经济的重要组成部分,二者之间具有很强的互补性,要发挥二者强大合力,释放构建高水平社会主义市场经济体制和新质生产力加快发展的新动能,关键是要加快完善落实"两个毫不动摇"的体制机制,为各种所有制经济和各类所有制企业提供公平竞争、优势互补、互利共赢、协调共生的市场生态环境。

一是构建公平竞争的市场环境。在进一步全面深化改革中,要抓住主要矛盾、抓好重点领域和关键环节,围绕处理好"政府与市场的关系"这个核心问题,完善市场经济基础制度,促进深化国企改革和做大民营企业有机统一,特别是对于非公有制经济,要基于"竞争中性"的原则充分保障其作为市场经济重要主体的公平地位,既要防止对非公有制经济的各类歧视性政策,也要防止对公有制经济的过度倾斜政策。具体而言,要稳步推进产权保护、市场准入、公平竞争、社会信用等领域全方位改革,为各类市场主体提供公平的市场规则,建立健全高标准市场体系;破除地方保护和区域分割现象,打破所有制结构差异,加快构建全国统一大市场;积极推进要素市场化配置,深化土地、劳动力、资本、管理、技术、数据等生产要素市场化改革，推动要素产权明晰、自由流动和高效配置。

二是构建协同发展的体制机制。相关部门应致力于建立健全机制框架，以制度层面促进多元所有制经济之间的协同创新、合作共生与共赢发展。当前面临的挑战在于，国有企业与民营企业之间合作共生的客观需求与体制机制不健全导致的民营企业与国有企业间合作意愿双向抑制之间存在矛盾：一方面，民营企业可能因顾虑而持观望态度；另一方面，国有企业则可能因顾虑风险而犹豫不前。

三是构建由公有制经济带动、促进非公有制经济发展的体制机制，特别是国有经济带动民营经济发展的体制机制。在社会主义市场经济条件下，国有经济和民营经济都是社会主义市场经济的重要组成部分，都是党的重要执政基础，但公有制经济更应该体现先进性，带动和促进民营经济共同发展是新时代国有经济的重要功能。为此，要建立相应的激励机制，进一步鼓励国有企业支持、带动、促进民营企业高质量发展，使二者之间既公平竞争，又协同共进。[①]

[①] 李政、周希禛：《以"两个毫不动摇"为保障推进中国式现代化的政治经济学阐释》，《社会科学辑刊》2024年第5期。

(二) 构建全国统一大市场

1. 建立健全高标准市场基础设施

要建立健全高标准市场基础设施，提高市场流通效率，推动分工深化。第一，要加快发展物联网，推动市场基础设施互联互通，完善水陆空综合立体交通网络，推动新兴信息技术和数字技术在铁路、公路、水运、民航、邮政等领域的应用，促进流通基础设施数字化改造升级，提高运行效能；大力发展新型流通业态和新模式，要健全一体衔接的流通规则和标准，强化商贸物流、电子商务、农产品流通等重点领域标准制定和修订，推进"一单制"等适应多式联运一体化运作的规则协调和互认机制，解决物流数据不互通、单证不统一等跨区域流通障碍，打造一批物联网产业基地和物联网技术应用示范城市。

第二，加快建设智慧物流系统建设，完善智能设施市场发展。积极发展"智慧商店""智慧街区""智慧商圈""智慧社区"，建设一批智能消费综合体验馆。加大数字基础设施投资力度，推动5G、物联网、工业互联网等通信网络基础设施，人工智能、云计算、区块链等新技术基础设施，数据中心、智能计算中心等算力基础设施建设。结合京津冀、粤港澳大湾区、长三角及海南自由贸易港等区域市场发展需求，针对跨境电商、跨境寄递物流、跨境支付和供应链管理等典型场景，构建安全便利的国际互联网数据专用通道和国际化数据信息专用通道。①

第三，引导平台企业健康发展，积极助推平台企业自主创新，增强国际竞争力。推动互联网医疗、在线教育、第三方物流等新型服务平台发展，充分发挥平台企业作为资源配置优化者的作用，通过技术创新和模式创新，实现资源的高效整合与精准对接，提高市场流通运行效率。同时，加强市场数据信息流的畅通性，促进线上线下支付交易数据的深度融合与跨部门共享，为政策制定、市场监管及企业决策提供全面、准确的数据支持。此外，要规范平台经济在法治轨道上健康有序发展，必须依法依规加强对平台企业的监管，建立健全相关监管体系，明确监管责任，提高监管效能。这既包括对平台企业市场行为的规范引导，也包括对其数据安全、隐私保护、反垄断与不正当竞争等方面的严格监督，以保障用户权益，维护市场公平竞争秩序。

2. 搭建统一规范、高效透明的市场交易平台

要搭建统一规范、高效透明的市场交易平台，提高交易

---

① 《中共中央办公厅 国务院办公厅印发〈建设高标准市场体系行动方案〉》，2021年1月31日，https://www.gov.cn/zhengce/2021-01/31/content_5583936.htm。

效率、降低交易成本、增强市场透明度、促进公平竞争。一方面，要完善现有市场交易规则、推进交易方式创新。清理各地公共资源交易规定，坚决纠正违法违规设置审批、变相审批、干预市场交易主体自主权等现象。制定全国统一的要素市场交易平台管理办法和交易规则，各省市级政府要因地制宜完善当地的平台服务管理细则。同时积极探索新型市场交易方式，利用现代信息技术和数字技术，大力推进省、市、县一体化的交易采购平台信息化建设，提升智能化治理水平。加快公共资源交易平台的数字化建设进程，公共资源交易平台要建设完备的电子服务系统，各级行政监督管理部门要推动建设电子监管系统，利用信息网络推进平台整合和交易电子化，有效破除地域壁垒，实现资源高效流通共享。平台搭建层面，要坚持统筹推进、分类指导等原则，优化平台布局、提高服务效率，通过建立市级以上政府统一的公共资源交易平台，县级政府不再新设，已设的转为市级分支机构，鼓励建立跨行政辖区的区域性交易平台，以实现资源的更大范围共享和优化配置。

另一方面，要健全市场平台评价机制，完善监管体系，强化统一的市场监管。建立由市场主体以及第三方参与的多元评价机制，在明确评价标准和指标的基础上，进一步优化评价流程，强化评价与监管的良性循环互动，引导消费者、商家、第三方社会机构客观真实地对公共资源、生产要素等交易平台运行服务机构提供的公共服务情况进行评价。要持续推进市场平台评价机制的优化创新，利用信息技术和数字技术提升评价系统的智能化水平，推进技术创新；探索新的评价体系和激励机制推进模式创新，如区块链技术在评价数据存证方面的应用；根据市场发展和监管需求，适时调整和完善相关政策和法律法规，推进政策创新。同时要针对监管规则不完善、执法尺度不一致、监管能力不匹配等问题，提升市场综合监管能力和水平。要加强市场监管标准化、规范化建设，明确市场监管领域基础性、通用性监管规则，强化新经济、新业态监管制度供给；完善市场监管行政处罚裁量基准，统一执法标准和程序，减少自由裁量权，促进公平公正执法。要依法公开交易公告、项目审核、成交履约、行政处罚等信息，对市场主体登记注册等信息实现交换共享。

3. 完善公平公正的要素市场制度与法律法规

要完善公平公正的要素市场制度与法律法规，深化要素市场化配置，促进各类生产要素高效配置。一方面，要建立各类市场要素自主有序流动的要素市场体制机制，推动各类生产要素向战略性新兴产业和未来产业充分流动。① 促进各类创新人才和劳动力的有序流动，拓宽就业渠道、优化就业模式、激发创新活力；要深化金融体制改革，进一步规范资本市场，积极发展风险投资，壮大耐心资本，鼓励各类资本向前沿科技领域和新兴产业流动，提高资本配置效率；培育知识、技术、数据要素一体化市场，着力构建健全的知识产权保护体系，通过构建开放协同的创新合作平台、推进数据开放与共享、设立技术交易平台以及推动"产学研"一体化创新人才培养模式，促进知识、技术、数据要素的市场化自由流通和高效配置。总体而言，要以建立新型要素市场体制为引领，创新生产要素配置方式，激发劳动、资本、知识、技术、数据等生产要素活力和创造力，让各类新进优质生产要素向构建全国统一大市场、高水平社会主义市场经济体制和发展新质生产力顺畅流动。

另一方面，要积极完善相关法律法规，切实保障要素自主有效流动的市场体制机制。调整和修订优化现有相关法律法规和政策体系的不适应之处，废除一部分阻碍性法规，清理并废除妨碍要素流动和公平竞争的法律法规，如限制市场主体自由进入和退出市场的法规等；在关键性市场和新兴领域，如金融

---

① 盖凯程、韩文龙：《新质生产力》，中国社会科学出版社2024年版，第93—94页。

资本市场、数据领域等，加快立法进程，填补法律空白，确保各类生产要素能够依法有序流动，进而优化资源配置。此外，要在法律层面规范和引导市场不正当竞争和过度干预行为，①细化审查规则，统一审查标准，统筹开展"增量"新政策和"存量"政策审查，着力纠治限制企业迁移等突出问题，全面清理资质认定等各种显性隐性进入壁垒。要强化反垄断和反不正当竞争，在完善市场垄断和不正当竞争行为认定法律规则的同时，健全预防和制止滥用行政权力排除、限制竞争制度，稳步推进自然垄断行业改革，全面加强竞争执法司法。

4. 加快构建现代化市场监管体系

要加快构建现代化市场监管体系，保障市场经济健康有序运行。构建完善现代化市场监管机制需要从多维度发力。第一，加强推进综合协同监管体系，完善监管制度框架，全面推行"双随机、一公开"监管、"互联网＋监管"和"数字技术＋监管"等新型体制，建立协同高效的跨部门综合监管工作机制，健全社会监督机制特别是发挥第三方机构的外部监督作用，实现对市场经济的全覆盖和优监管，为各类经营主体提供公平竞争的市场环境。

---

① 张国清：《构建全国统一大市场》，《人民日报》2024年7月29日第6版。

第二，强化重点领域和重要机构监管。[①] 一是要加强重点商品和公共资源市场价格监管。建立价格监测与价格监管联动机制，建立健全价格监管规则，加强对重要民生商品和资源性产品价格监测。整合部门和市场机构对重点市场的调查监测资源，建立价格监管智慧支撑平台。二是要加强要素市场交易监管。健全要素市场化交易平台，逐步推进全流程电子化交易，规范各类交易平台规则，完善要素交易信息披露制度。尽快制定技术市场交易管理制度，制定数据交易准则，健全投诉举报查处机制，规范交易行为。三是要加强对监管机构的监督，健全对监管机构履行职责的监督机制。强化对监管机构依法履行监管职责情况的监督检查，促进监管权力规范透明运行。对监管机构不作为、乱作为要依规依法严肃追责问责。推动监管部门建立健全工作人员廉洁从业相关制度，实现依法监管、公正监管、廉洁监管。

第三，创新监管模式。随着大数据、云计算和人工智能等现代信息技术的应用普及，要提升监管模式的数字化、智能化水平，打造智慧监管和智能监管模式，助力于政府高效识别要

[①] 《中共中央办公厅 国务院办公厅印发〈建设高标准市场体系行动方案〉》，2021年1月31日，https：//www.gov.cn/zhengce/2021-01/31/content_ 5583936.htm。

素市场中的问题和风险，提高监管的精确性、主动性和前瞻性。实施信用监管，建立健全跨部门综合监管事项信用评价指标体系，明确分级分类标准及相应的协同监管措施，对违法失信行为实施联合惩戒。加强社会共治和跨部门协同监管，拓宽问题线索收集渠道，通过政务服务热线、在线监管平台以及行业协会、新闻媒体等多种渠道广泛收集问题线索，不同领域的监管机构要持续加强合作协同，形成社会多元共治合力，确保市场平稳有效运行。

（三）完善市场经济基础制度

当前，生产力发展实现了进一步的跃升，要求形成更为完善的市场经济基础制度以实现发展方式与生产关系的深层次调整。构建科学完备的市场经济基础制度，是保障市场体系有效运行的根本。

1. 完善市场经济基础制度是充分发挥市场在资源配置中的决定性作用、更好发挥政府宏观调控作用的重要保障

市场经济基础制度是市场经济的制度性规范，也是社会主义市场经济体制的重要组成部分和有效运转基础。改革开放四十多年，中国在实践中不断探索中国特色社会主义市场经济的前进道路，紧紧围绕解放和发展生产力，增强经济社会发展活力的目标，建立和逐步完善社会主义市场经济体制。从1982

年党的十二大报告提出"走自己的道路,建设有中国特色的社会主义""计划经济为主、市场调节为辅"①的原则,到 2013 年党的十八届三中全会确立市场的决定性作用,再到党的二十大报告就"构建高水平社会主义市场经济体制"提出"完善产权保护、市场准入、公平竞争、社会信用等市场经济基础制度",②中国在经济建设过程中对社会主义市场经济规律的认识和把握不断深化。

当前,新质生产力蓬勃发展,市场经济基础制度的缺失和不完善逐渐成为新质生产力发展的堵点和痛点。从政府角度来看,一是基础制度的缺失与不完善使得政府无法进行有效监管,市场中投机行为增多,削弱宏观调控的成效。二是政策传导机制容易受到无序竞争的影响,信息留滞受阻,削减政策效果的同时政府干预的成本也会因此上升。从市场角度来看,一是市场秩序的混乱和无序容易加剧不公平竞争情况。部分企业可以通过垄断、串通定价或者倾销的形式排挤和打压竞争对手以实现目的,通过挤压消费者剩余和劣币驱

---

① 曹普:《当代中国改革开放史》(上卷),人民出版社 2016 年版,第 268、296 页。
② 习近平:《高举中国特色社会主义伟大旗帜 为全面建设社会主义现代化国家而团结奋斗——在中国共产党第二十次全国代表大会上的报告》,人民出版社 2022 年版,第 29 页。

逐良币等方式增加自身利益而损害消费者利益。长此以往必将导致社会信任下降，市场信心降低，进而导致整体经济社会发展的不稳定性。二是市场秩序混乱影响市场资源配置效率，并形成一定交易成本抵消部分市场经济本身的发展效应。无序造成社会再生产过程的低效率乃至无效率。在生产环节，由于生产秩序的混乱，市场需求和价格走势变得难以预测，从而增加了生产决策的风险。在分配环节，资源分配不均、高收入群体固化以及社会稳定风险增加使得收入分配的不平等现象加剧。在交换环节，市场秩序的混乱显著增加了交易的违约风险，进一步降低了交易的安全性。在消费环节，混乱的市场秩序冲击了消费者信心，进而抑制了消费意愿。三是运行环境和制度的不规范助长资本的无序扩张。资本的健康运行是稳定整体经济运行和稳定就业民生的重要依托。规范资本行为，构筑健康运行环境是实现其健康运行的重要举措。四是新经济形态随着新质生产力的发展而蓬勃生长，不断重塑产业结构、资本形态、经济运行，这要求形成更为完善的市场经济基础制度以保障新经济形态的健康发展。总之，市场经济基础制度是政府与市场更好发挥自身作用的重要保障。健全与完善市场经济基础制度是解放与发展生产力，推动新质生产力持续发展的生产关系的必要变革。

2. 完善市场经济基础制度，构建高水平社会主义市场经济体制

一是完善产权保护制度。通常，产权制度是用于界定人们在经济活动中如何受益、如何受损，以及他们之间如何进行补偿的制度安排，产权是具有排他性的财产权利。① 马克思从商品交换的角度指出，商品需要进入市场实现交换的根本原因是商品所有权的存在。市场交易是基于不同所有权的交易。构建以"公平"为核心原则，归属清晰、权责明确、保护严格、流转顺畅的现代产权制度是确保充分发挥市场在资源配置中的决定性作用的制度基础，也是减少市场交易成本、更好发挥政府作用的必要前提。

第一，坚持公有制为主体、多种所有制经济共同发展的市场经济制度。党的二十届三中全会指出，要"坚持和落实'两个毫不动摇'……保证各种所有制经济依法平等使用生产要素、公平参与市场竞争、同等受到法律保护，促进各种所有制经济优势互补、共同发展"。② 公有制经济在国民经济中起到主

---

① 洪银兴、王慧颖、王宇：《完善市场经济基础制度研究》，《经济学家》2023年第11期。
② 《中共中央关于进一步全面深化改革　推进中国式现代化的决定》，人民出版社2024年版，第7页。

导作用，深度参与国防建设与经济发展，积极提供公共产品，推动人民生活整体水平改善。公有制经济财产权利的有效保护，是确保国有资源进一步实现合理有效配置，防止国有资产流失或非法侵占，以及维护国家经济安全与战略意义的重要举措。这对于推动公有制经济长期稳定发展，实现社会公平和谐，保障国家经济自主性与安全性具有重要意义。民营经济是国家经济增长的重要引擎，在就业机会创造，推动社会创新，增加税收收入以及促进经济均衡健康发展等方面具有重要意义。保护民营经济财产权利，是激发民营经济体长期投资信心，提升经济抗风险能力，提升中国经济总体活力的有力措施。

第二，强化产权激励功能。产权激励的核心在于合理配置与保护产权，促使个体与企业更好履行经济职责，发挥资源潜力。其一，明确的产权激励使得产权所有者对于资源的利用与管理拥有更多的控制权和收益权，不断激励所有者提升自身的工作积极性和创新积极性。其二，产权激励促进资源流向更高效用的适用领域，吸引更多的生产要素投入到生产与服务中去。提升各生产要素在产权流转中的效率，从而进一步提升整体经济效率。其三，产权激励推动企业提升自身竞争力，不断进行技术革新与管理提升，进一步促进整体产业升级与结构调整。

第三，保护知识产权，支持创新驱动发展战略。严格的知识产权保护是激发创新创造活力，增强经济自主性的重要举措。目前，由于知识市场信息不完全以及数字经济在当前发展过程中创新成本远高于成果传输与复制成本，导致"搭便车"现象频发。因此，明确的知识产权保护能够确保创新者获得其创新成果的经济回报，避免创新者在创新过程中面临"搭便车"风险的同时，降低投资风险并保障回报，增强企业与个人创新创造的偏好与意愿。进一步地，知识产权保护机制使得企业间的技术转移与合作更具备制度保障，增加合作双方对合作关系的信心，推动技术的有效传播与应用。

二是完善市场准入制度。市场经济基础制度作用发挥的前提是各生产要素能够在市场中自由流通。因此，必须完善市场准入制度。完善市场准入制度是提高市场效率、激励创新、保护消费者利益以及促进公平竞争的重要措施。一个健全的市场准入制度可以确保企业进入市场的门槛既不过于严苛以阻碍竞争，也不至于过于宽松导致不正当竞争或质量问题。

第一，以公平竞争的市场准入制度激发多种所有制经济发展活力。当前，市场准入仍然存在一定的隐性壁垒，导致资源配置的不合理和公平竞争的不充分。同时，对公平竞争审查的刚性不足，反垄断和反不正当竞争执法司法仍需加强。因此，完善市场准入制度的重要抓手是实行负面清单准入制度。负面清单准入制度明确了禁止与限制进入市场的行业与领域，可以有效减少不必要的行政干预和审查流程，降低市场准入的障碍性。进一步地，负面清单准入制度有助于提升市场的透明度，减少由于政策模糊性造成的市场不确定性风险，从而激发多种所有制经济主体活力。①

第二，以系统完善的市场准入制度推动构建全国统一大市场。全国统一大市场要求各类生产要素与产品能够自由流动，各类市场主体能够平等进入各类市场并且能够平等地使用生产要素，各地区的市场规则统一。最终目标在于通过整合市场资源、统一市场规则、消除区域壁垒，推动经济高效运转，实现全国范围内的公平竞争与资源优化配置。事实上，目前全面统一大市场的构建仍然面临挑战。行业的行政性垄断，城乡之间、区域之间的市场分割阻碍全国统一大市场建设进程。完善的市场准入制度是破除阻碍的关键一招。首先是打破行业行政性垄断。通过放松对除自然垄断行业以外行业的管制以破除行业垄断的行政性基础，降低行业准入门槛，形成行业间有效资

---

① 罗文：《完善市场经济基础制度》，《人民日报》2024年8月19日第9版。

源流动与配置。其次是制定统一的市场准入标准以消除区域间政策差异带来的市场规则的不规范性与不一致性。最后是加强跨区域的监管协调与信息共享，解决由于市场分割带来的信息不对称问题，促进市场一体化进程。

三是完善公平竞争制度。公平竞争是市场经济的核心。习近平总书记指出："强化反垄断、深入推进公平竞争政策实施，是完善社会主义市场经济体制的内在要求。"① 公平竞争制度为市场经济的健康运行提供必要的制度保障，通过保障所有市场主体在相同的规则和条件下进行竞争的市场条件，从而促进资源的最优配置和经济的高效运转。它有助于激发企业的创新动力和技术进步，提升产品和服务质量，最终实现消费者利益的最大化。同时，公平竞争制度能够有效防止市场垄断和不正当竞争行为，维护市场秩序，减少市场失灵的风险，推动经济的持续增长与社会的整体福祉。通过建立和维护公正的市场环境，公平竞争制度为经济体提供了稳定的基础，以促进市场的健康、持续和包容性发展。②

---

① 国务院研究室编写组：《十三届全国人大五次会议〈政府工作报告〉辅导读本》，人民出版社、中国言实出版社 2022 年版，第 176 页。
② 中共国家市场监督管理总局党组：《持续优化公平竞争的市场环境》，《求是》2024 年第 2 期。

第一，打造有序竞争、充分竞争的市场秩序。有序竞争要求所有市场参与者遵循公平的规则和标准进行竞争，包括禁止垄断行为、限制不正当竞争以及保护知识产权等的公平原则，公开透明披露产品服务相关信息防止虚假宣传与误导行为的信息披露原则，有效的监管和执行等。首先，垄断企业往往具有定价权，通过价格歧视等手段不断蚕食消费者福利；其次，由于缺乏竞争压力，垄断企业有可能会减少研发投入与技术创新进而抑制整个行业的发展与进步；最后，垄断者极有可能将更多的资源投入到维持自身市场势力而非提高生产力上，导致整体市场的多样性与活力下降。随着数字经济、虚拟经济、平台经济等发展壮大，垄断与不正当竞争得到更多的重视，市场监管与法治建设需求更为迫切。① 通过利用平台已有的数据要素资源，对平台上的企业数据和用户信息数据进行分析，甄别垄断与不正当竞争行为，提升监管的效率。在信息披露上，政府与平台、企业应当多端共同发力。从平台角度，公开透明的信息披露依赖于技术平台的设计和功能。应当支持信息的标准化和结构化发布，保证信息的动态性、时效性与准确性；采取严

---

① 洪银兴、任保平：《论数字经济与社会主义市场经济的深度融合》，《中国工业经济》2024 年第 5 期。

格的数据安全措施，防止未经授权的访问和数据泄露；提供反馈机制以提高信息披露的互动性，提高用户信息质量与用户信任程度。从企业角度，透明的信息披露要求企业采取系统化的信息管理和报告流程。企业应建立健全的信息披露政策，确保财务数据、运营数据和治理信息的真实性、准确性和完整性。从政府角度，实现公开透明的信息披露需要制定和实施有效的法规和监管政策。应当建立和维护信息披露的法律框架，规定企业在财务报告、运营信息和治理结构方面的披露要求；监管机构需对企业的披露行为进行监督和检查，确保其遵循法规并且不发生信息隐瞒或虚假报告；支持公共信息平台的建设和发展，提供透明的市场数据和监管信息，以促进公众和投资者的知情权；此外，需定期评估信息披露的有效性，及时修订相关政策以适应市场变化和技术进步。

第二，培育具有公平竞争意识和遵守市场规则的市场主体。关键在于明确坚持竞争中性原则，各种所有制经济公平竞争。从政府层面，应当促进各类经济体优势互补、共同发展。引导全社会正确全面认识促进各种所有制经济发展。把公有制经济巩固好、发展好，同时鼓励、支持、引导非公有制经济发展。二者相辅相成、相得益彰，在优势互补、互促互进中共同发展壮大。优化各种所有制经济发展的政策制度环境。从法律和制度层面,把平等对待各种所有制经济的要求落实下来,各种所有制经济能够依法平等使用生产要素、公平参与市场竞争、同等受到法律保护。不断健全支持各种所有制经济发展的政策举措,完善政策执行方式,加强政策协调性,及时回应企业关切和诉求。从企业层面,通过建立和推广以诚信、公平竞争为核心的企业文化,推动管理层和员工深刻理解并自觉遵守市场规则。定期开展法律法规和伦理道德培训,提升员工对合规要求的认知和应对能力。此外,需建立健全的内部合规体系,包括明确的行为准则和有效的监控机制,以确保各项操作符合市场规则和法律要求。

四是完善社会信用制度。形成以道德为支撑、产权为基础、法律为保障的社会信用制度,是建设现代市场体系的必要条件,也是规范市场经济秩序的治本之策。[1] 市场经济是建立在交换基础上的契约经济,要求市场参与者双方共同遵守契约。可以说,社会信用制度就是市场经济的基础性制度。信用缺失主要是由不完全市场信息引起的。由于信息本身分布不均匀、交易双方信息不对称、利益关系阻碍信息披露等,市场机

---

[1] 郭广银:《伦理新论:中国市场经济体制下的道德建设》,人民出版社2004年版,第85页。

制并不能完全保证所披露信息的完全真实性。信息噪声、劣币驱逐良币、机会主义行为等充斥在市场中进而造成经济主体的逆向选择和道德风险行为。仅仅依靠市场的自我调节无法完全解决这些问题，因此需要相应的体系制度安排。社会信用体系的建设包括制度性建设与道德性建设两方面。

第一，制度性信用安排保障市场规则的维护、执行与贯彻。首先，应当建立全面的信用信息系统，通过法律法规手段确保市场参与者的信用记录得到真实、准确的记录和共享。其次，需要制定和实施严格的信用评估和监管制度。对市场参与者的信用状况进行定期评估，结合各类信用评级机构的报告，确保市场中的信用评级真实可靠。监管机构应建立透明的信用评级标准，并对信用评级机构实施有效的监管，以维护信用评级的公正性。同时，应严格执法，防止部分执法人员的"寻租"行为、执法犯法等问题。最后，应当强化违约行为的惩戒机制。对于违反信用承诺的行为，要设立明确的法律后果和经济处罚，以震慑潜在的违约者。设立专门的违约处理机构，确保法律对违约行为的追究具有实效性，以维护市场秩序和信用体系的权威性。

第二，道德性信用安排强化市场参与者的自律和信任建设。首先，对于企业主体，应建立企业内部道德规范和自律机制。通过道德行为准则约束、员工培训和内部审查制度确保对准则的遵守。同时，鼓励企业设立合规部门，负责监督和评估企业的道德行为，保证在市场操作中遵守伦理标准。其次，对于金融机构，应推动建立透明的道德评估与风险控制机制。应定期开展道德风险评估，结合市场反馈和监管要求，对金融产品和服务的道德风险进行审查。建立健全的道德风险预警系统，并确保所有金融操作符合伦理标准，以增强金融市场的稳定性和透明度。最后，对于消费者主体，应通过教育和信息披露增强其道德意识。通过消费者教育项目和信息透明化，向消费者传达道德消费的重要性，并提供有关产品和服务的道德评价信息。消费者可以根据道德标准做出购买决策，促成市场上更高水平的道德行为。

（四）完善要素市场化配置体制机制

当前，新质生产力发展到一定水平，创新生产要素配置方式，让各类先进优质生产要素向发展新质生产力顺畅流动，是充分发挥生产要素作用，打通束缚新质生产力发展堵点、卡点的重要举措。[1] 理论与实践都证明，改善要素配置

---

[1] 钟瑛：《加快形成同新质生产力更相适应的生产关系》，2024 年 7 月 26 日，https：//www.cssn.cn/skgz/bwyc/202407/t20240726_ 5766996.shtml。

机制是提升全要素生产率的重要途径，也是提升生产力潜在增长效率的有效手段。因此，要素市场化改革成为经济体制改革的"先手棋"。

1. 推动土地、劳动力和资本要素市场化配置和合理畅通有序流动

（1）土地要素

土地是支撑经济社会建设发展的重要保障，高质量发展要求提升土地要素配置精准度，提高土地利用效率。党的二十届三中全会指出，"优化土地管理，健全同宏观政策和区域发展高效衔接的土地管理制度，优先保障主导产业、重大项目合理用地，使优势地区有更大发展空间"。[1] 这要求土地要素需求与供给侧结构相匹配，产业结构发展要与用地结构相适应，生产力发展与生产关系发展相协调。

目前，土地要素市场整体发展仍然处在快速发展阶段。按照土地性质划分，集体经营性建设用地尽管已经能够入市，然而在实践中仍然存在着农村土地尤其是农村宅基地使用权难以流转、土地价格尚未显化、整体市场较为混乱的情

---

[1] 《中共中央关于进一步全面深化改革　推进中国式现代化的决定》，人民出版社2024年版，第24页。

况。同时，由于土地市场化配套的体制机制有待完善，地方政府垄断以及市场的土地要素供给，导致土地供给与土地需求之间难以实现精准的匹配与控制，更难以满足土地要素的分异需求。加之各方对于土地增值收益具有不同分配诉求，现行分配机制的公平性与科学性难以保障。① 因此，盘活土地要素需要进行多层次的调整。首先是建设城乡统一的建设用地市场。应当适度放开对于宅基地的法律法规限制；进一步健全完善乡村社会保障功能，显化土地要素的福利保障属性，结合宅基地"三权分置"改革，逐步实现宅基地权能加强和流动。其次是实行高效的产业用地供给制度。具体来说，在经济发展的优势地区，应当结合地区经济总量、人口因素等倾斜安排的基础指标，重点保障升级重大产业项目、重大民生工程用地，不断提升土地要素节约集约利用水平。最后是合理规划和再开发存量建设用地。优化土地功能配置，实现功能混合与土地利用效率最大化，同时融入环境保护和可持续发展的理念，避免过度开发，并应用绿色建筑标准和节能技术，确保项目的生态友好性。

---

① 严金明、蒲金芳、夏方舟：《创新配置土地要素保障新质生产力发展：理论逻辑、基本模式与路径机制》，《中国土地科学》2024 年第 7 期。

（2）劳动力要素

劳动力是最重要的生产要素之一，劳动力市场是要素市场的重要组成部分，影响着居民的生活水平和收入分配格局。党的二十届三中全会要求，"完善要素市场制度和规则，推动生产要素畅通流动、各类资源高效配置、市场潜力充分释放"。①当前，中国劳动力市场面临着城乡、区域以及行业间流动的障碍，人才创新活力不足。因此，深化劳动力要素市场改革，促进劳动力和人才的畅通流动是激发全社会创新创业创造活力，缓解劳动力供求结构性矛盾，全面推进中国式现代化的重要举措。

第一，深化户籍制度改革。加快推动户籍制度的全面改革，破除城乡、区域之间的户籍壁垒，落实以居住地为基础的公共服务保障。通过简化户籍迁移手续和优化城市落户政策，增强人口的流动性和灵活性，确保城乡居民能够平等享受教育、医疗、社会保障等公共服务，提升劳动力市场的流动性和整体效率。第二，畅通劳动力和人才社会性流动渠道。建立健全跨区域和行业的劳动力流动机制，通过制定灵

---

① 《中共中央关于进一步全面深化改革　推进中国式现代化的决定》，人民出版社2024年版，第9页。

活的就业政策和劳动力市场服务体系，消除地域性和行业性的障碍。同时，完善招聘和职业培训平台，推动企业和人才之间的对接，鼓励高技能人才流动和创新创业，促进劳动力市场的健康发展。第三，完善技能技术评价制度。建立和完善国家和地方层面的技能技术评价体系，制定统一的职业标准和技能认证标准，推动技能水平的规范化评估。通过引入第三方评估机构和强化职业教育与培训，提升劳动力的技术能力和适应性，确保技能评价的公正性和权威性，以更好地服务于经济发展的需求。第四，加大人才引进力度。制定吸引高层次人才的政策措施，优化引才环境，包括提供优惠政策、完善人才服务保障、加强国际化人才交流与合作。通过设立专项资金和奖励机制，吸引国内外优秀人才和创新团队，促进高端人才的引进和留用，从而提升国家在全球竞争中的创新能力和综合实力。

（3）资本要素

资本是社会主义市场经济的重要生产要素。在市场经济中，资本是带动各类生产要素集聚配置的重要纽带，资本是否健康发展关系到实体经济能否做强做优。因此，推动资本要素合理有序流动，规范和引导资本发展，进一步发挥资本的积极作用并有效控制其消极作用,是关系高质量发展与共同富裕的重要问题。①

第一,科学设立资本"红绿灯"。在统筹安全的前提下把握资本运动特性,通过科学合理的监管,保障各利益相关方公平权利的同时,增强资本流动性和配置效率有序性。具体来说,对于可能引发系统性风险、损害国家安全或社会稳定的资本流动,必须严格限制;对符合市场需求、具有较高生产力和创新能力的领域,应该提供更多的政策支持和鼓励措施,这些领域的资本流动应得到优先保障,以促进经济的高质量发展和市场的有效配置。在新兴产业和高风险行业,资本流动则需经过更多的审查和动态监测,确保资本在推动创新和发展的同时,不会过度冒险。

第二,构建框架完整、逻辑清晰、制度完备的资本运行规则体系。一是坚持法治化原则。法治是资本运动的前提、底线和准则,资本市场本质上应是法治市场。所有的资本运行规则和监管措施都必须依法制定和执行,确保资本市场的透明性和公正性。通过完善相关法律法规,明确各类资本的运作规范和监管标准,保障市场参与者的合法权益,并有效遏制资本市场

---

① 李扬、程俊杰:《加快规范和引导资本健康发展》,2022 年 5 月 11 日,http://www.xinhuanet.com/politics/20220511/b6ff94066bec4ba8a93cde1b1b49dc2c/c.html。

的违法行为。二是坚持市场化原则。资本的配置应当依托市场机制，充分发挥市场在资源配置中的决定性作用。通过建立公平竞争的市场环境，使资本流动和配置更符合市场需求，从而提高资源的利用效率。三是坚持动态化原则。由于资本市场具有高度的动态性，资本规则也应随之调整。建立动态调整机制，根据市场变化和经济发展情况，及时更新和优化资本运行规则，以适应新的挑战和机遇，保障市场的稳定和健康发展。四是坚持国际化原则。充分借鉴吸收国际先进经验，加强制度规范，提升中国在全球资本配置与风险管控中的能力与效率，提升资本市场的国际化水平，提高中国资本市场的开放性和竞争力。

2. 加快推动技术要素与数据要素市场化配置，充分发挥技术与数据的创新性生产要素作用

（1）数据要素

随着数字化、网络化、智能化进程不断加快，数据成为经济活动中不可或缺的新型生产要素，成为价值创造的重要源泉与推动经济增长的重要动力。与传统要素相比，数据要素的正负外部性都更为突出。一方面，数据的高流动性、低成本复制性和规模报酬递增的特点使之在提高资源配置效率和实现经济发展倍增效应上具有重要的正外部性。另一方面，由于数据权属更为复杂，同样的特点也会造成隐私泄露、数据滥用等潜在

风险。因此，激活数据要素价值、发挥数据要素作用应当从多方面着手，合理有序对其价值进行开发。

第一，在制度建设上，要不断探索数据要素市场运行规则，完善相应制度体系。[①] 数据要素市场作为一个新兴市场，面临着确权难、分配难、安全难、合规难等一系列规则与制度层面的问题。中国数字经济发展走在世界的前列，对于相应难题解决的国际先例参考甚少。这要求顶层设计与实践探索有机结合，良性互动。一方面，从中央到地方各级政府要大胆探索，结合具体的实际对数据本身进行要素开发与市场开拓，探索数据要素在不同行业、不同领域的高效配置方式。数据交易所作为数据要素市场探索的先驱与枢纽，应当先行先试，积极探索数据要素确权规则，合理调整数据要素收益分配，依法制定数据要素安全合规标准，建立健全相应制度体系。另一方面，应当充分基于实践经验，不断完善与优化顶层设计，形成数据要素从确权到流通分配的坚实制度基础。

第二，在流通利用上，要不断建立完善数据基础设施建

[①] 《中共中央 国务院关于构建数据基础制度更好发挥数据要素作用的意见》，2022年12月19日，https://www.gov.cn/zhengce/2022-12/19/content_5732695.htm。

设，畅通数据要素流通使用的新路径。由于数据物质属性特点，其复制成本、传输成本趋近于无，在交易市场上，一旦交易卖方失去对数据的控制权，极易形成买方控制的交易市场，同时卖方还需承担数据交易带来的安全风险。因此，加快数据基础设施建设，建立可信流通体系，保障数据流通、传输、交易安全，是实现数据要素可管、风险可控的重要举措。

第三，在安全治理上，要探索适应数据特点的安全治理模式。传统的监管模式明显已经受到了数据要素高创新、广覆盖、强渗透特点带来的监管冲击。因此，以合适安全的成本，对数据要素进行高质量的开发利用与高度安全的良性互动，进而实现数据要素良好的经济收益，是当前数据要素安全治理与监管的新课题。

（2）技术要素

发展新质生产力是推动高质量发展的内在要求。科学技术是生产力的重要组成部分，科技创新是发展新质生产力的核心要素。技术要素就是在物质生产和价值创造中发挥关键性独立作用的科学知识、技术经验和信息等。加快发展技术要素市场，完善技术要素市场化配置体制机制，是应对新一轮科技革命和产业变革，应对国内国际创新竞争新态势、新格局，完善社会主义市场经济体系的重大战略举措。①

第一，要统筹强化关键核心技术攻关，塑造新质生产力。技术的革命性突破带来新质生产力发展的重要基础。数字技术、新能源技术、生物基因技术正在加速推动新技术范式的形成，人工智能大模型、氢能、合成生物等领域展现出巨大的发展潜力。统筹强化核心技术攻关，进一步增加高质量科技成果供给，推动技术要素自由流动和有效配置。

第二，科技创新与产业创新深度融合，生产领域变革形成经济发展新范式。以单一研发链条为路径进行产业配置效率欠佳，考虑将单一技术成果以商品形式推向市场也很难实现。因此，科技创新与产业创新的融合应当考虑每个环节的产业发展需求，形成经济发展范式的全新变革，通过技术市场真正将科技优势转化为经济优势。

第三，推动技术体制改革纵深发展，把技术市场作为深化科技体制改革的重要抓手和首要任务。要将技术市场作为与土地、资本、劳动力、数据并驾齐驱的要素市场，围绕技术市场加强土地、资本、劳动力、数据等要素的优化配置。将技术要

---

① 郭曼、张木：《建设现代技术要素市场 满足新时期创新发展需求》，2021年7月12日，http：//www.xinhuanet.com/tech/20210702/C9707D5B226000018432404015D01A7F/c.html。

素放在与科技计划同等重要的位置加快发展,使技术市场发展成为健全创新体系、深化科技体制改革的重要抓手。

(五) 正确处理好政府与市场的关系

市场机制是推动原创性、颠覆性及其他各类创新活动的重要驱动力,也是推动优质生产要素向先进生产力顺畅流动的重要保障。因此,处理好政府与市场的关系,充分发挥市场机制作用,激发创造活力,是当前经济体制改革的核心问题。

1. 充分发挥市场决定性作用,建设高标准市场体系

首先应当深刻认识市场在资源配置中的决定性作用。市场是全球最稀缺的资源,拥有超大规模且极具增长潜力的超大市场是中国经济发展和在全球竞争中的巨大优势和应对风险挑战的坚实依托。① 这要求必须加快构建全国统一大市场,充分发挥中国超大市场优势。第一,构建全国统一大市场是构建高水平社会主义市场经济体制的内在要求。通过全国统一大市场的构建,实现市场准入畅通、规则一致、设施互联,在更大范围内深化市场分工,提升分工效率,促进充分

---

① 周黎安:《从"双重创造"到"双向塑造"——构建政府与市场关系的中国经验》,《学术月刊》2023 年第 3 期。

竞争，降低交易成本，进而实现市场配置资源效率的提升。第二，构建全国统一大市场是构建新发展格局的基础支撑。经济要素在经济循环中的畅通无阻，在生产、分配、流通、消费各环节的有效衔接，要求全国统一大市场的有效构建。构建全国统一大市场也是打破地方保护主义与区域市场分割，构建新发展格局的必要举措。

其次，充分发挥市场决定性作用必须推动市场基础制度规则统一、市场监管公平统一、市场设施高标准联通。[①] 第一，要素市场是整体经济体系运转的重要基础，完善要素市场制度和规则，破除阻碍要素流动的体制机制障碍是充分发挥市场作用的要素制度基础。重点是健全劳动、资本、土地、数据、技术等要素按市场评价贡献、按要素贡献决定报酬的体制机制；推动能源、交通领域的价格改革，增强要素价格弹性，综合考虑要素成本与市场需求，促进资源节约与高效利用。第二，公平竞争是市场经济的基本原则，规范不正当市场竞争与市场干预行为，疏通构建全国统一大市场的堵点。建立健全的法律法规体系，以明确定义不正当市场竞争行为并设立相应的惩罚机制。健全预防和制止滥用行政权

---

① 徐丹丹：《处理好政府和市场的关系》，《红旗文稿》2024 年第 12 期。

力排除、限制竞争制度，稳步推进自然垄断行业改革，及时废止所有制歧视、行业壁垒、地方保护等不合理限制，建立健全统一规范、信息共享体制，全面加强竞争执法司法。从中央开始强化统一市场监管，提升市场综合监管能力与水平。统一执法标准与程序，减少自由裁量权，增强监管穿透力。在地方，要进一步深化地方标准管理制度改革，规范地方标准制定管理，打破地方标准统一阻碍。

最后，充分发挥市场决定性作用必须持续深化改革。随着经济全球化、技术进步市场环境与国内国际竞争格局的不断变化，要求市场机制不断改革调整以适应经济形势和发展转化。同时，深化改革也是打破行业垄断，减少不必要行政干预，激发企业创新创造活力和提升资源配置效率的重要举措。第一，推动供给侧结构性改革的持续推进。优化标准供给结构，提高供给质量，减少无效供给、扩大有效供给，着力提升整个供给体系质量，提高供给结构对需求结构的适应性。第二，注重需求侧管理。要更为注重通过结构性政策解决经济中长期的发展难题，培育发展完整的内循环经济体系，构建可持续发展的强健国内市场。供给侧结构性改革与需求侧管理紧密结合，持续推动"需求牵引供给、供给创造需求"的动态循环，持续构建以国内大循环为主体、国内国际双循环相互促进的新发展格局。

2. 持续转变政府职能,完善宏观调控制度体系

党的二十届三中全会指出,"科学的宏观调控、有效的政府治理是发挥社会主义市场经济体制优势的内在要求"。① 健全宏观经济治理体系,提升宏观经济治理能力是政府职能转变的重要方面。这有助于进一步发挥社会主义市场经济优势,实现经济高质量发展。

第一,转变发展思维,"更好"地发挥政府作用而不是"更多"发挥政府作用。由于市场本身存在着一定的缺陷,如市场调节机制本身存在的滞后性与自发性,市场失灵情况频发导致比例失调、生产过剩以及资源浪费等问题,需要政府进行一定的协助与调控。更好地发挥政府作用而不是更多发挥政府作用,使之在保证市场发挥决定性作用的前提下,管好市场"管不了""管不好"的事情。为此,要坚定不移推进市场化改革,加快建设统一开放竞争有序的市场体系,用"权力清单"与"责任清单"明确政府职能边界,减少政府对于资源的直接配置、对于企业微观活动的直接干预,不让"看得见的手"压制住"看不见的手"。

---

① 《中共中央关于进一步全面深化改革 推进中国式现代化的决定》,人民出版社2024年版,第17页。

第二，健全宏观经济治理体系，在完善市场体系、做好市场监管、优化政务服务上持续发力。首先，完善市场体系，提升宏观经济治理能力。这是进一步发挥国家发展规划战略导向作用，加强财政政策与货币政策协调配合的重要制度基础。通过政策的协调，着力扩大内需，增强消费对于经济发展的基础性作用和投资对于优化供给结构的关键作用。其次，做好市场监管，保障公平竞争。建立健全市场监督机制。通过完善事前、事中和事后的监管流程，确保市场行为的合法性与合规性。同时，应加强对重点行业和领域的专项监管。最后，优化政务服务，持续推进"放管服"改革。政府应推动"放管服"改革，简化行政审批流程，提升服务效率。通过建设一体化政务服务平台，实现各类政务服务的集中办理，便于及时回应市场主体的需求。"该放的一放到底，该管的真管严管"，最大限度减少对于微观事务的管理，通过激活经济发展的内生动力持续释放经济改革发展红利，充分发挥政府作用。

3. 推动有效市场与有为政府同向发力

市场在资源配置中的决定性作用与政府宏观调控作用的发挥是有机统一的，既不能用市场在资源配置中的决定性作用取代甚至否定政府作用，也不能用更好发挥政府作用来取代甚至否定市场在资源配置中的决定性作用。这要求在推进社会主义市场经济建设过程中，充分认识到政府与市场互为补充的关系，推进政府与市场同向发力。

第一，以政府有为推动市场有效，政府有为是市场有效的基本前提与保障。政府面对市场如果不作为，在应承担的职能上错位、缺位，管得过多过宽或者缺乏应有监管都会导致市场自身弊端充分暴露，进一步加剧经济发展的不稳定性。在制约市场发挥决定性作用的障碍问题上，必须充分依靠政府通过法律与适当的行政手段，不断建立健全制度规则，提振市场预期，提升市场竞争活力，推动市场化程度提升至较高水平。

第二，以市场有效促进政府有为，有效市场为有为政府提供支持。市场的培育与创造需要政府为其准备一系列的基础条件，包括建立统一开放、竞争有序的市场经济体系以及保障运行的市场经济基础制度。健全的市场机制与市场整体健康运行是经济高质量发展的有力依托，为政府提高经济政策如税收补贴政策等的精确性与有效性，提升人民生活水平，促进社会公平打下坚实基础。

总体来说，正确处理政府与市场关系问题，坚持政府体制改革与市场体制改革统筹推进的发展道路，注重改革的系统性、整体性、协同性发展，从而实现有效市场与有为政府良性互动，是高质量发展进程中最为关键的一环。

（六）建设更高水平开放型经济新体制

对外开放是中国的基本国策，也是中国式现代化的鲜明标识。以开放促改革，建设更高水平开放型经济新体制是培育和发展新质生产力、构建与完善新型生产关系，推进中国式现代化的强大动力与有力保障。

1. 深刻把握建设高水平对外开放体制机制的内涵要求与重要意义

党的二十届三中全会决定指出，要"完善高水平对外开放体制机制"。[①] 以经济体制改革作为全面深化改革的重要牵引和进一步落实全面深化改革的重大战略部署，要求深刻理解和把握建设高水平对外开放体制机制的内涵要求与重要意义。[②]

第一，高水平对外开放是更大范围的开放。一是在国家政策上，党的十八大以来，中国坚持对内对外开放相互促进、"引进来"和"走出去"更好结合，构建互利共赢、多元平衡、安全高效的开放型经济体系，不断增强中国国际经济合作和竞争新优势。二是在参与主体上，参与主体的扩大，意味着

[①]《中共中央关于进一步全面深化改革　推进中国式现代化的决定》，人民出版社2024年版，第25页。

[②] 魏际刚：《建设更高水平开放型经济新体制》，《红旗文稿》2023年第14期。

高水平对外开放不仅限于国家和大型企业，还包括中小企业、科研机构、地方政府及非政府组织等多样化主体的广泛参与。多元化的参与能够促进资源的有效配置与创新能力的提升，增强各方在国际合作中的主动性和灵活性，推动知识、技术与文化的广泛交流。三是在合作模式上，合作模式多样性与灵活性的增加能更好适应各国不同的发展阶段和需求，促进利益的广泛共享，从而深化国家间的互信与合作，实现可持续发展目标。

第二，高水平对外开放是更宽领域的开放。中国已经全面取消制造业领域外资准入限制措施，不断完善与营造有利于新业态、新模式发展的制度环境。随着中国制造业领域对外资全面开放，今后的重心将转向服务业开放上。在服务业发展上，通过合理缩减外资准入负面清单，不断推进电信、互联网、教育、文化、医疗等领域有序扩大开放。伴随新一轮科技革命和产业变革的深入发展，数字贸易、跨境电商、绿色贸易成为带动国际贸易增长的新亮点和各国抢占制高点与争夺规则主导权的新领域。这要求进一步加快推进通关、税务、外汇等监管创新，形成更宽领域的开放。

第三，高水平对外开放是更深层次的开放。更深层次的开放主要体现在减少制约要素自由流动的边境壁垒上。通过制度性和政策性框架的完善，减少要素流通障碍，促进要素在行业间区域间的自由流动。这种开放不仅仅是表面上的市场准入，更涉及根本性的体制改革，以减少包括关税、配额、监管及投资限制等边境壁垒，从而推动资源、资金、技术和人才的高效流动。深层次的开放允许国内企业接触国际先进技术与管理经验，吸引外资参与本地市场，降低关税激发进口潜力，进一步放宽市场准入提升投资自由化水平，激发创新和经济增长。同时，进一步促进国际合作的深度与广度，增强国家在全球价值链中的地位与影响力。

第四，高水平对外开放是更加主动的开放。面对当前保护主义频频抬头，地缘政治关系紧张，局部热战不停的国际政治经济局势，中国在寻求更为包容和更可持续发展的发展路径。一是通过长期战略规划与政策制定，积极引导外资流入、技术合作和市场拓展，积极参与多边贸易协定、区域经济合作和国际组织的构建，增强在全球经济治理中的话语权。二是增强对外政策调整的灵活性，以适应国际市场的变化与新兴经济体的发展。三是鼓励国内企业"走出去"，通过并购投资与合作等方式，不断拓宽国际市场，提升品牌的影响力。

第五，高水平对外开放是更为安全的开放。高度重视对外开放中的安全风险，是保障海外企业人员与资产安全，推进国内国际两个市场深度融合的必要制度基础。完善高水平对外开放体制机制，要求统筹开放与安全，减少外部风险与不确定性。同时，培养多元化的国际合作伙伴，降低对单一市场或资源的依赖，从而增强经济抗风险能力。

2. 统筹传统领域开放与新领域开放

中国的传统领域开放主要集中在已有的成熟产业中，如机械制造业、农产品加工业、能源以及交通运输业等。随着新一轮科技革命和产业变革的深入发展，要求建立相应的对外开放体制机制以适应经济改革发展的步伐。中国的新兴领域开放主要集中在战略性新兴产业与创新领域中，如数字经济、人工智能、清洁能源和生物科技等，强调开放的前瞻性和灵活性，旨在通过国际合作与技术进步，进一步推动中国整体产业的创新。

第一，深入推进传统产业开放，尤其是服务业的开放。一般贸易、加工贸易是中国传统领域贸易的优势领域，但服务业开放仍相对滞后。完善高水平对外开放体制机制，应将服务业作为重点领域。服务业是国民经济的重要组成部分，也是促进消费升级和经济结构调整的关键领域。为此，应加大对服务业的对外开放力度，吸引外资参与国内服务业的发展，特别是在金融、教育、医疗、旅游等领域。通过引进先进的服务理念和管理经验，提高服务质量与效率，进而提升整体经济竞争力。

同时，要鼓励传统服务业与现代技术的深度融合，如利用大数据、云计算和人工智能等技术，推动传统服务业的数字化转型。这不仅有助于提高服务业的附加值，也为传统产业的创新提供了新的动力。

第二，加快推进新领域开放。在新领域开放方面，必须紧跟全球科技和产业发展趋势，抓住新一轮科技革命和产业变革的机遇，加快推动数字经济、人工智能、清洁能源和生物科技等战略性新兴产业的对外开放。鼓励企业在国际市场上进行技术合作与交流，吸引外资在新兴领域进行投资。加强对新兴产业的研发投入，提升自主创新能力，形成以市场为导向的创新生态系统。此外，要鼓励高等院校和科研机构与企业之间的合作，通过产学研结合推动技术成果转化，助力新兴产业的发展。通过积极参与全球竞争与合作，中国能够在新领域的开放中赢得更多的话语权和竞争优势，推动经济高质量发展。

第三，协调推进多领域制度型开放。以多领域制度型开放推动建设更高水平开放型经济新体制。制度型开放不仅涉及市场准入和监管政策，还涵盖法律法规的透明性与公正性。建立健全透明、规范的市场环境，有助于增强外资企业的信心和投资意愿；积极参与国际规则的制定，提高中国在全球治理中的话语权。在此基础上，通过多边和双边合作机制，加强与各国在贸易、投资和技术标准等方面的协调，减少贸易摩擦与投资壁垒。此外，应重视对外开放的风险防范，建立健全外部风险预警机制，确保国家经济安全。在全面推动制度型开放的过程中，必须坚持以人为本，兼顾经济效益与社会责任，推动开放型经济的可持续发展。

3. 统筹对内开放与对外开放

立足于联通国内国际双循环，统筹对内开放与对外开放，促进国内国际两个市场深度融合、两类规则有效对接，是适应当前全球经济形势变化的重要战略。[1]

第一，优化区域开放布局。优化区域开放布局是实现国内国际双循环的关键环节。各区域应根据自身资源禀赋和发展阶段，制定具有针对性的开放战略，以实现差异化发展。沿海地区可以继续发挥其地理优势，加大与国际市场的连接，吸引外资和高新技术，推动产业升级。而中西部地区则应利用政策引导和资金支持，积极承接东部地区的产业转移，通过区域协同发展实现经济的均衡增长。同时，建立区域间的合作机制，促进资源共享与信息流通，有助于提高整体开放水平。此外，应

---

[1] 全毅：《中国高水平开放型经济新体制框架与构建路径》，《世界经济研究》2022 年第 10 期。

继续鼓励区域经济发展示范区的建设，赋予其更大的自主权与灵活性，探索、创新开放模式。通过优化区域开放布局，不仅能够增强各地区的经济活力，也为全国经济的高质量发展提供强大支撑。

第二，深化外贸体制改革。深化外贸体制改革是提升国际竞争力的必要措施。首先，应加快推进外贸监管体制的创新，减少行政审批环节，建立"放管服"改革的有效机制，从而提高外贸企业的运营效率。其次，要强化对外贸易的政策支持，完善出口退税、贸易融资等政策，减轻企业负担，增强其国际市场的竞争力。通过简化通关流程、降低企业成本、提高贸易便利化水平等措施，不断优化外贸政策体系和服务环境。此外，应推动多元化市场开拓，鼓励企业积极参与全球价值链，拓展新兴市场和高附加值产品出口。通过提升服务质量和标准，增强中国产品在国际市场的吸引力，提升品牌影响力。最后，加强贸易与投资的协调发展，促进外贸与外资的融合，推动形成开放型经济新体制，增强外贸的稳定性与可持续性，为经济增长提供新的动力。

第三，深化外贸体制和外商投资管理体制改革。深化外贸体制和外商投资管理体制改革是推动高水平对外开放的重要保障。首先，应逐步放宽外资准入限制，实施负面清单管理，优化外资营商环境，保障外商投资环境的公平性与透明度。要积极推动外资企业与国内企业的合作与交流，通过联合研发和产业链整合，实现互利共赢。其次，应完善外商投资保护机制，建立健全外商投资争端解决机制，增强外资企业的信心和安全感。此外，要鼓励外商投资向高技术、高附加值领域倾斜，推动外资在创新驱动和绿色发展方面的贡献。通过优化外商投资的管理体制，提升对外开放的水平和质量，推动经济结构的优化升级。总体而言，深化外商投资管理体制改革，不仅能够吸引更多外资，还将促进国内经济的高质量发展，助力实现经济的可持续增长。

第五章
最终落脚点——以新型生产关系推动新质生产力加快发展

一　新质生产力与新型生产关系的辩证关系

生产力和生产关系是马克思主义理论中的一对核心概念。一方面，生产力作为社会发展的最终决定性力量，其每一次飞跃均对既有的生产关系提出新的适应性要求。当生产关系能够紧密契合生产力发展的实际需求与内在规律时，它便成为推动生产力加速发展的强大助力，促进生产效率的提升与技术创新的涌现。反之，若生产关系滞后于生产力的变革，则不仅无法激发生产力的潜能，反而会成为其进一步发展的桎梏，导致社会生产力的停滞甚至倒退。

另一方面，生产关系并非单纯被动地适应生产力的发展，而是展现出一种积极的反作用能力。当生产关系通过自我调整与创新，适应生产力的发展需求时，它将为生产力的进一步发展提供更为高效、灵活的社会组织形式与资源配置机制。反之，若生产关系未能及时或恰当地调整，将显著制约生产力的前进步伐，延缓社会整体的进步与发展。新质生产力作为创新起主导作用的先进生产力质态，是一种生产力的跃升。发展新质生产力，必然需要优化与调整现有的生产关系，加快形成适应新质生产力发展的新型生产关系，这是对生产力与生产关系矛盾运动规律的根本遵循。① 同时，新型生产关系的形成也会进一步加速新质生产力发展。②

（一）新质生产力发展要求形成与之相适应的新型生产关系

马克思指出："社会的物质生产力发展到一定阶段，便同它们一直在其中运动的现存生产关系或财产关系（这只是生产关系的法律用语）发生矛盾。于是这些关系便由生产力的发展形式变成生产力的桎梏。"③ 随着科技的飞速进步，新质生产力不断发展，对传统的生产关系提出了挑战。这种变革要求生产关系进行适应性调整，以更好地匹配新质生产力的特点和发展需求。技术革新、生产要素的优化配置以及市场需求的动态变化，共同驱动了新型生产关系的形成，使其能够更好地

---

① 蒲清平：《加快形成与新质生产力相适应的新型生产关系》，《国家治理》2024年第9期。
② 尹俊、孙巾雅：《新质生产力与新型生产关系：基于政治经济学的分析》，《改革》2024年第5期。
③ 《马克思恩格斯文集》第二卷，人民出版社2009年版，第591页。

适应新质生产力的发展。

一方面，技术革新引领生产关系深度重塑。当今时代，人工智能、大数据、云计算等前沿科技如潮水般涌来，不仅以前所未有的速度重塑着社会生产力的面貌，更深刻地触动了生产关系的根基。这些新兴技术不仅是提升生产效率与质量的强大杠杆，更是推动生产活动组织方式、管理架构及价值创造逻辑发生根本性变革的关键力量。面对技术革新的挑战，传统生产关系逐渐显露出其固有的局限性与僵化性，难以充分捕捉并高效利用新技术带来的更多可能。新技术要求生产过程中的信息流动更加迅速、准确，资源配置更加灵活、高效，而传统生产关系中的层级结构、条块分割往往成为阻碍这些变革的桎梏。因此，技术革新自然而然地成了引领生产关系深度重塑的核心引擎。在组织结构上，新技术促使生产关系趋向扁平化、网络化，打破传统科层制的束缚，促进信息自由流通与资源共享；在管理模式上，技术革新推动了智能化、精细化的转型，利用大数据、人工智能等技术手段优化决策过程，提升管理效率与精准度；在利益分配上，新技术的发展要求生产关系更加注重公平与效率的平衡，通过合理的激励机制激发各参与方的积极性与创造力，共同分享技术进步带来的红利。

另一方面，生产要素优化配置加速生产关系转型。在新质生产力蓬勃发展的背景下，生产要素的深刻变革与重构推动了生产关系加速优化与调整。尽管劳动力、资本与土地等传统生产要素在经济发展的进程中依然扮演着举足轻重的角色，但它们的功能与角色已悄然发生了根本性的转变。这些要素不再局限于作为经济增长的单一驱动力，而是逐渐融入了一个更为复杂且多元化的驱动体系之中。同时，技术的迭代创新与广泛应用极大地拓宽了产业升级的边界，为生产关系的转型提供了坚实的技术支撑与丰富的知识储备。特别值得关注的是，数据这一新型生产要素以其独特的价值属性，地位日益凸显，成为驱动经济增长不可或缺的核心要素。数据资源的海量积累与深度挖掘，为洞察市场先机、优化生产流程、推动产品创新与服务升级提供了前所未有的可能性。借助高级分析技术与智能算法模型，数据被赋予了生命，转化为推动新质生产力进步的强大力量。还需注意的是，知识的传播与应用效率在新技术的赋能下也实现了质的飞跃。知识的快速流动与广泛共享，不仅加速了技术创新的速度，还拓宽了产业升级的边界，为生产关系的转型提供了深厚的智力支持与知识储备。同时，信息作为连接各生产要素的无形纽带，其高效流通与共享机制的建立，进一步打破了信息不对称的壁垒，促进了资源优化配置与生产要素的深度融合，为生产关系的转型提供了强大的信息驱动力。生产关系在转型过程中，并非被动适应生产要素的变革，而是主动寻求与生产要素优化配置的深度契合。生产关系通过调整组织架构、优化管理模式、创新利益分配机制等方式，不断激发各生产要素的活力与潜力，推动形成与新质生产力相适应的新型生产关系。

此外，市场需求动态调整指引生产关系适应性变革。在新质生产力的强劲驱动下，产品与服务领域的技术创新如雨后春笋般涌现，不仅极大地丰富了市场供给，更深刻地塑造了市场需求结构的全新面貌。消费者需求的多元化与个性化趋势愈发显著，他们不再满足于标准化的产品与服务，而是追求更加贴合个人偏好、具备高度定制化特性的消费体验。这一转变对产品的性能、质量、服务等多个维度提出了更为严苛与精细化的要求，迫使生产体系必须紧跟市场脉搏，实现快速响应与精准满足。在此背景下，生产关系作为连接生产与市场的桥梁，其适应性变革显得尤为重要。为了精准捕捉并有效满足市场需求的动态变化，生产关系必须展现出前所未有的灵活性与韧性。这要求生产体系构建起一套敏捷响应的市场机制，通过大数据、云计算等现代信息技术手段，实时分析市场动态，预测消费趋势，为生产决策提供科学依据。同时，加强产需对接与互动，促进生产者与消费者之间的直接沟通，确保生产活动能够紧密围绕市场需求展开，减少信息不对称与资源浪费。此外，定制化生产与服务模式的兴起，也为生产关系的适应性变革提供了新的路径。通过引入柔性化生产线、模块化设计等先进生产方式，企业能够灵活调整生产流程与产品结构，快速响应消费者的个性化需求。这种以消费者为中心的生产模式，不仅提升了产品的市场竞争力，也促进了生产关系的持续优化与升级，形成了更加高效、灵活、协同的生产组织形态。通过构建敏捷响应的市场机制、加强产需对接与互动、推动定制化生产与服务等方式，生产关系得以不断适应市场需求的变化，实现供给与需求的精准匹配与高效对接，为生产关系的持续优化与变革注入动力。

（二）新型生产关系的形成有利于促进新质生产力发展

新型生产关系的形成，不仅是对新质生产力内在需求的深刻回应，更是其加速跃升不可或缺的支撑力量。这一关系深刻体现了生产力与生产关系之间的辩证统一，即新型生产关系的形成不仅是对既有生产模式的革新，更是新质生产力得以蓬勃发展的肥沃土壤。

一方面，制度创新激发新质生产力潜能。在新型生产关系的构建过程中，制度创新无疑是其核心环节，它标志着对传统制度框架的深刻反思与全面重塑。这一过程不仅仅是形式上的变革，更是对新质生产力发展内在需求的精准把握与积极回应。首先，产权制度的明晰与保护，为创新活动筑起了坚实的制度防线。明确的产权界定，使创新者的权益得到有效保障，减少了因产权不清而引发的纠纷与不确定性，为创新者提供了稳定的心理预期。这种稳定性，如同为创新者注入了一剂强心针，极大地激发了他们的创新热情与探索精神。同时，对知识产权的严格保护，更是为创新成果筑起了高高的壁垒，确保了创新者的辛勤付出能够得到应有的回报，进一步激发了社会各界的创新活力。其次，分配制度的优化，为新质生产力的快速发展注入了强劲动力。传统的分配制度往往侧重于物质资本的回报，而忽视了人力资本与创新成果的价值。新型分配制度则打破了这一局限，通过股权激励、创新收益分成等多种方式，确保了创新成果能够公平合理地惠及所有贡献者。这种以贡献为导向的分配机制，不仅激发了创新者的内在动力，也促进了全社会对创新价值的认同与尊重，为新质生产力的持续发展奠定了坚实的基础。最后，市场机制的完善，为新质生产力的快速发展铺设了宽广的道路。通过建立健全的市场准入与退出机制、完善价格形成机制、加强市场监管与反垄断执法等措施，市场机制得以充分发挥其资源配置的决定性作用。信息流通的加速与资源的高效配置，使得新质生产力能够迅速捕捉市场机遇、灵活调整生产结构、快速响应消费者需求。这种高效的市场机制，使新质生产力在激烈的市场竞争中实现了快速发展。因此，制度创新作为新型生产关系形成中的关键环节，不仅为创新者提供了稳定的预期与激励，确保了创新成果的公平分配，还通过完善市场机制促进了信息流通与资源高效配置，其对于新质生产力潜能的激发作用不可小觑。

另一方面，资源配置优化提升生产效率。在新型生产关系的框架内，资源配置的优化扮演着至关重要的角色，它是推动新质生产力实现高效发展的关键引擎。这一过程是市场机制与政策引导精妙结合的结果，共同驱动着资源向更加高效、更具潜力的生产领域精准汇聚。市场机制的自发调节作用，如同一只无形的手，引导着资源在市场中自由流动，寻找最优配置。在充分竞争的市场环境中，资源的流向自然倾向于那些能够创造更大价值、实现更高效益的生产领域。这种基于效率的资源配置方式，极大地提高了资源的利用效率，避免了浪费与冗余，为新质生产力的快速发展奠定了坚实的物质基础。同时，政策引导作为另一只强有力的手，与市场机制相辅相成，共同塑造着资源配置的格局。政府通过制定科学合理的产业政策、投资政策、税收政策等，为特定领域或项目提供政策倾斜与扶持，引导资源向高技术含量、高附加值的生产领域集中。这种有针对性的资源配置策略，不仅加速了新技术、新工艺的研发与应用，也促进了产业链上下游的协同发展。随着资源向高技术含量、高附加值领域的持续集中，新质生产力的核心竞争力得以显著增强。这不仅体现在技术创新能力的提升上，更体现在生产组织模式的变革、管理效率的提升以及市场响应速度的加快等多个方面。

此外，社会关系和谐也促进新质生产力持续发展。新型生产关系构建的深远影响不仅体现在经济层面，更深刻地体现在社会关系的和谐化上。这种和谐的社会关系，为新质生产力的持续发展提供了坚实的支撑与保障。首先，劳资关系的显著改善，是新型生产关系和谐化的重要标志。在传统生产关系中，劳动者与资本所有者之间的利益往往存在分歧，导致生产过程中摩擦与冲突频发。而新型生产关系则致力于构建一种更加平等、共赢的劳资关系，通过合理的薪酬制度、完善的劳动保障体系以及畅通的沟通机制，使得劳动者与资本所有者之间的利益更加趋于一致。这种利益的一致性，不仅减少了生产过程中的摩擦与冲突，也保障了生产活动的顺利进行，为新质生产力的快速发展创造了有利条件。其次，社会公平正义的增进，是新型生产关系和谐化的又一重要体现。一个公平正义的社会，能够激发全体社会成员的积极性与创造力，增强社会的凝聚力与稳定性。在新型生产关系的框架下，政府与社会各界共同努力，通过不断完善法律体系、加大执法力度、推进教育公平等措施，不断增进社会公平正义。这种公平正义的增进，不仅保障了每个社会成员的合法权益，也为新质生产力的持续发展创造了更加公正、透明的市场环境，减少了不必要的干扰与阻碍。最后，和谐的社会关系能为新质生产力提供必要的社会支持与保障。在复杂多变的市场环境中，新质生产力往往面临着诸多挑战与不确定性。而和谐的社会关系则能够为其提供一个稳定、有序的发展环境，减少外部因素的干扰与冲击，确保其能够稳健前行。同时，和谐的社会关系还能够激发社会成员的创新精神与创业热情，为新质生产力的持续发展提供源源不断的动力与活力。

二 以新型生产关系推动新质生产力加快发展的关键路径

生产关系对生产力具有反作用，构建新型生产关系是发展新质生产力的必然要求，而体制机制改革在其中起着至关重要的作用。新型生产关系需以新质生产力相适应，构建新型生产关系是发展命题，也是改革议题，其必然要求以打通堵点、卡点为导向，解决难点问题，深入推进体制机制变革，促使各类先进优质生产要素向发展新质生产力顺畅流动。

当前，还存在着一些深层次的体制机制问题，经济体制、科技体制、人才体制上存在发展新质生产力的堵点、卡点。以新型生产关系推动新质生产力加快发展，具体而言，需以深化科技体制改革激发创新活力、以深化人才发展体制机制提供智力支撑、以构建现代化产业体系培育新经济增长点、以健全中国特色现代金融体系服务实体经济、以要素市场改革提高资源配置效率、以扩大高水平对外开放深化国际合作。

（一）深化科技体制改革，释放创新活力

党的十八大以来，科技体制改革作为国家进一步全面深化改革的重要一环，以前所未有的力度和深度向前推进。《关于深化体制机制改革加快实施创新驱动发展战略的若干意见》和《深化科技体制改革实施方案》等纲领性文件的相继出台，不仅为科技创新指明了方向，也为中国科技事业的蓬勃发展奠定了坚实的政策基础。《中华人民共和国科学技术进步法》和《中华人民共和国专利法》等关键法律条款的修订实施，更是从法律层面为科技创新提供了强有力的保障，促使中国科技事业取得了举世瞩目的历史性进展。这一进程中，中国研发投入快速增长，研发投入总额已跃居全球第二位，彰显了国家对科技创新的高度重视与研发投入。同时，发明专利申请量连续多年全球领跑，载人航天工程、移动通信技术、新能源汽车产业以及深海深地探测等前沿领域均取得了重大突破，不仅体现了中国创新能力的显著提升，也预示着创新生态的日益活跃。然而，面对全球科技竞争的新态势，我们也必须清醒地认识到，中国在部分关键核心技术领域仍与世界顶尖科技大国存在差距，一些"卡脖子"问题长期困扰着中国产业发展的步伐。这要求我们在已取得成绩的基础上，进一步深化改革，攻克科技体制的深层次难题，加快推动新质生产力发展。

首先，要完善新型举国体制，强化国家战略科技力量。在推动新质生产力培育和发展的过程中，需深刻把握中国特色社会主义集中力量办大事的显著优势，[1] 以新型举国体制作为铸就国家战略科技力量的核心路径。完善新型举国体制不仅局限于资源的简单汇聚与核心技术的攻坚克难，更是一场涉及制度深度变革与创新的系统性工程。一是要强化党对科技事业的全面领导，确保科技创新的航向坚定不移。构建新型举国体制，必须毫不动摇地坚持党的领导核心地位，通过科学决策与高效执行，引领科技创新事业始终沿着服务国家发展大局、增进人民福祉的正确轨道前行。二是要构建灵活高效、响应迅速的科技决策体系。面对日新月异的国际科技动态与国家战略需求，要建立健全决策机制，确保国家科技战略能够敏锐捕捉科技前

---

[1] 周文、李雪艳：《加快形成与新质生产力相适应的新型生产关系：理论逻辑与现实路径》，《政治经济学评论》2024年第4期。

沿动态，精准对接国家重大发展需求，实现战略决策与实施的无缝衔接。三是要深化跨学科、跨领域的科研合作模式，勇于打破传统学科壁垒，促进知识、技术、人才的深度融合与自由流动，激发创新火花，孕育出更多跨学科、综合性的科研突破与产业变革。同时，还要加大对基础研究与应用基础研究的支持力度，培育一批具备国际竞争力的高水平科研团队与领军人才。此外，在全球化的背景下，还要进一步加强与国际科技界的交流合作，融入并塑造全球科技治理格局，扩大中国的国际影响力。国内科研机构与企业应以更加开放包容的姿态，与国际顶尖科研机构和企业在前沿科技领域开展深度合作，共同应对全球性挑战，共享科技创新成果。

其次，要改革科技投入与评价体系，激发科研创新动力。科技投入与评价体系的革新能够为深化科技体制改革、促进新质生产力发展提供更多动力。科技创新作为经济社会发展的核心驱动力，其物质支撑与方向引领的双重需求，要求对科技投入与评价体系进行系统性、前瞻性的重构与优化。在科技投入层面，要构建多元化、立体化的科技融资生态体系。积极拓宽资金来源渠道，不仅依靠政府财政的稳定投入，更要激发企业、社会资本乃至国际资本参与科技创新的热情与活力。灵活运用专项科技创新基金、风险投资基金等多样的金融工具，为处于不同发展阶段、不同需求领域的科研项目提供定制化、精准化的资金支持。同时，加大对基础研究与应用基础研究的长期性、战略性投入，筑牢科技创新的深厚根基，确保创新活力得以持续迸发，为新质生产力的蓬勃发展奠定坚实的物质基础。而在评价体系改革方面，则需深刻反思并坚决摒弃"四唯"（唯论文、唯帽子、唯职称、唯学历）倾向的束缚，转向以创新质量、实际贡献与绩效成果为核心的新型评价体系。要针对不同学科、不同科研活动的特点与规律，设计差异化、精准化的评价标准与方法，确保评价过程既能精准识别真正有价值的科研成果，又能有效激励科研人员的创新热情与探索精神。引入同行评议、第三方独立评估等多元化评价机制，利用大数据、人工智能等现代信息技术手段提升评价效率，保证评价公正性。还要建立健全科研诚信体系，强化科研伦理与学风建设，加大对科研不端行为的惩戒力度，营造一个健康、公平、有序的科研环境。

最后，要强化成果转化机制，深化产学研用融合。科技成果转化作为科技创新链条中的关键环节，其高效顺畅与否直接关乎新质生产力发展的速度与质量，有效加速科技成果向新质生产力的转化进程，也可以为经济社会的高质量发展提供源源不断的创新动力。一是要构建完善且高效的科技成果转化政策体系与服务网络。一方面,要出台一系列激励性政策与措施,如税收优惠、资金补助、项目扶持等,以激发科研人员投身成果转化的热情与积极性;另一方面,要配套建立专业化的服务机构与平台,提供从技术咨询、市场分析到融资对接、法律保障等的全方位的服务支持,确保科技成果能够顺畅地跨越"最后一公里",实现从实验室到市场的跨越。二是要深化产学研用融合机制,促进创新链与产业链、资金链、政策链的深度融合与协同互动。建立产学研用紧密结合的创新生态体系,如产学研用联盟、协同创新中心等,有效打破行业壁垒,促进知识、技术、资本等创新要素的自由流动与优化配置。同时,强化高校、科研院所与企业之间的合作纽带,推动科研成果与市场需求精准对接,加速科技成果的商业化进程,实现创新价值的最大化。三是要加强知识产权的保护与运用,保障科技成果转化顺利进行。知识产权不仅是科技成果的法律体现,更是激励创新、维护市场公平竞争秩序的重要工具。应建立健全知识产权创造、保护、运用、管理、服务全链条体系,加大对高价值专利、品牌商标等知识产权的培育力度,完善知识产权交易平台与服务机制,为科技成果转化提供坚实的法律保障与市场支撑。

(二) 深化人才发展体制机制，打造人才高地

人才作为创新驱动发展战略的核心要素，是塑造新质生产力、引领经济社会高质量发展的首要资源。新质生产力的培育和发展，离不开一支能够持续创新、勇于探索的新型劳动者队伍，强化人力资源的深度开发与高效配置，对于加速新质生产力的培育与壮大具有不可估量的价值。2016 年，中共中央印发《关于深化人才发展体制机制改革的意见》，中国人才工作步入一个新的发展阶段。该意见着眼于破除人才发展瓶颈、释放人才创新潜能，为构建适应新时代发展需求的人才制度体系奠定了坚实基础。2024 年，党的二十届三中全会更是将"深化人才发展体制机制改革"[①] 作为全面深化改革与推进中国式现代化的关键举措之一，彰显了国家对人才工作的高度重视与深远布局。然而，面对全球科技竞争的新态势，中国人才队伍建设虽已取得显著成就，但仍面临人才队伍规模不足、结构失衡的挑战。特别是在新质生产力的培育上，对科技人才尤其是高端基础研究人才的需求尤为迫切。中国每百万居民中研究人员全时当量相较于日本、德国等发达国家仍有差距，基础研究

---

① 《中共中央关于进一步全面深化改革　推进中国式现代化的决定》，人民出版社 2024 年版，第 16 页。

人员的比例偏低，这一现状直接制约了中国原始创新能力的提升。同时，技能人才队伍虽规模庞大，但在高端技能人才的占比及整体技能水平上，与制造强国相比尚存提升空间，亟须进一步优化升级。为此，必须继续深化人才发展体制机制改革，以更加开放的姿态、更加灵活的机制，打造具有国际竞争力的人才高地。

首先，要改革和完善各层次教育体系，培养高质量创新型人才。为更好地适应并引领新质生产力的发展需求，必须全面改革和优化教育体系，构建起一个无缝衔接、高效协同的全链条创新人才培养体系，贯穿基础教育至高等教育的各个阶段。第一，在基础教育阶段，要着重培养学生的好奇心、探索欲和批判性思维能力，为创新精神的萌芽奠定坚实基础。引入STEM（科学、技术、工程和数学）教育的核心理念，设计跨学科整合的课程项目，让学生在解决实际问题的过程中，体验科学的魅力、技术的力量、工程的严谨和数学的逻辑。此外，鼓励学校开展科学探索活动、编程启蒙课程及创新实验室项目，为学生提供动手实践、团队协作的机会，激发学生的创新潜能。第二，在高等教育阶段，需要进一步深化专业教育与创新教育的融合，构建以创新能力培养为核心的人才培养模式。高校应调整专业设置，增设交叉学科和新兴学科，如人工智能、生物科技、新能源等，以适应未来产业发展趋势。同时，要加强产学研合作，建立校企联合培养机制，让学生在真实的工作环境中学习，将理论知识转化为解决实际问题的能力。此外，还应建立灵活多样的学分制度和个性化培养方案，鼓励学生根据自身兴趣和职业规划，自主选择课程和学习路径，培养具有独特视角和创新能力的复合型人才。第三，在职业教育和继续教育领域，需要加大投入力度，提升教育质量和覆盖面。建设一批高水平的职业院校和培训机构，提供与行业紧密对接的技能培训课程，帮助劳动者掌握先进技术和职业技能。并且要推动终身学习理念的普及，建立开放灵活的学习平台，为在职人员提供便捷的继续教育和技能提升机会。实施职业资格证书制度、技能竞赛和表彰奖励等措施，激励技能人才不断提升自身技能水平，为产业升级和经济发展贡献力量。

其次，要加速建设全球人才中心与创新高地，汇聚顶尖创新资源。发展新质生产力还需要加速建设全球人才中心与创新高地，构建一系列高水平科研平台与国际科技合作园区作为科研创新的策源地与全球智慧碰撞与交流的桥头堡，为推动中国乃至全球新质生产力的蓬勃发展注入源源不断的动力与活力。第一，要致力于打造一批具有国际影响力的科研平台，集聚先进的科研设备、丰富的科研数据资源以及优越的科研环境于平台中，为科研人员提供施展才华的广阔舞台。并且积极与国际知名科研机构、高校及企业建立深度合作，共同开展前沿科技研究，力求在关键核心技术领域取得重大突破，引领全球科技进步潮流。第二，要建设国际科技合作园区，将园区作为国际科技合作的重要载体，吸引全球创新要素汇聚中国，促进跨国界、跨领域的科技交流与合作。通过提供优惠政策、完善服务体系、优化营商环境，努力为入园企业、科研机构及人才团队创造一流的发展条件，推动形成开放合作、互利共赢的国际科技合作新局面。第三，在人才引进方面，要实施更加开放、包容、灵活的人才政策，为外籍高层次人才提供全方位的支持与保障，包括优化签证与居留政策，简化出入境手续，为外籍人才提供更加便捷的工作与生活环境；建立与国际接轨的薪酬体系与激励机制，确保人才引得进、留得住、用得好；同时，加强国际教育与文化交流，营造国际化、多元化的创新氛围，提高外籍人才的归属感。

最后，要完善人才评价激励机制，激发人才创新活力。完善人才评价激励机制同样是激发人才创新活力、推动新质生产力发展的关键一环。要构建一个以创新能力为核心，兼顾成果质量与社会贡献的多元化评价体系，摒弃"四唯"片面评价模式，确保真正具备才华、勇于探索、作出实质性贡献的人才都能得到应有的认可与尊重。一是要在遵循科学、公正、透明原则的基础上，注重实践成果与理论创新的双重考量，鼓励跨学科、跨领域合作和研究，以及面向国家重大需求和社会实际问题的解决方案。建立健全同行评审、市场检验、社会评价等多维度评价机制，更加全面、准确地评估人才的真实能力与贡献，让创新成为衡量人才价值的最高标尺。二是要加强对青年人才的扶持与培养，以设立青年科学家基金、创新团队计划等方式，为青年人才提供资金、平台及政策等多方面的支持，助力其快速成长为国家科技创新的中坚力量。三是要加大奖励与激励力度，构建正向激励机制。设立国家科技奖励基金，对在基础研究、技术创新、成果转化等领域取得重大突破的优秀人才及团队给予重奖，以彰显国家对科技创新的高度重视与尊重。同时，建立科研人员薪酬动态调整机制，确保科研人员的收入水平与其贡献相匹配，进一步激发其创新创造的热情与动力。

（三）构建现代化产业体系，培育新增长点

在全球经济版图的持续重构与科技革命浪潮兴起的背景下，现代化产业体系成为推动新质生产力不断迸发澎湃活力、加速国家竞争力在全球舞台上重塑与跃升的重要载体。构建现代化产业体系的过程，不仅是对既有经济秩序的深度重塑，更是对传统产业、新兴产业及未来产业三者间互动关系的深刻再定义，共同推动产业生态由传统范式向现代化、智能化、绿色化全面跃迁。近年来，各地各部门高度重视推进传统产业转型升级、培育战略性新兴产业和未来产业。《工业和信息化部等八部门关于加快传统制造业转型升级的指导意见》（工信部联规〔2023〕258号）对传统产业的转型升级提出了建设性意见；《中华人民共和国国民经济和社会发展第十四个五年规划和2035年远景目标纲要》强调，要发展战略性新兴产业与抢占未来产业发展先机。但目前，中国产业发展原始创新能力不足、产业布局不合理、地区优势存在错位等问题亟待解决。[1]传统产业需要在保留传统产业核心竞争力的同时，推动其生产方式、组织结构与市场响应能力的全面升级，为其发展注入新的活力与生命力。同时，新兴产业需要聚焦于信息技术、生物技术、新能源、新材料等前沿领域，构建起具有国际竞争力的新兴产业集群，为经济增长开辟新的增长极。而未来产业则代表着科技创新与产业发展的最前沿方向，需要以前瞻性的视角与布局，探索未来产业发展的新路径与新模式，抢占未来发展制高点。

---

[1] 潘教峰、王晓明、薛俊波等：《从战略性新兴产业到未来产业：新方向、新问题、新思路》，《中国科学院院刊》2023年第3期。

一方面，要转型升级传统产业，焕发产业发展新生机。传统产业的转型升级不仅是现代化产业体系构建不可或缺的一环，更是实现经济高质量发展、跨越式发展的必由之路。为此，必须采取一系列具有前瞻性和创新性的举措，对传统产业实施全方位、深层次、系统性的革新与重塑。首先，传统产业要在科技创新的引领下，加大研发投入，聚焦智能化、绿色化改造项目，推动生产方式的根本性变革。引入先进的自动化生产线、智能机器人、物联网等技术手段，显著提升生产自动化与智能化水平，降低人力成本，提高生产效率与产品质量。其次，传统产业转型升级的过程中要积极响应全球绿色发展的号召，实施节能减排、清洁生产等绿色化改造项目，显著降低资源消耗与环境污染，实现经济效益与生态效益的双赢，推动其生产方式向更加高效、环保、可持续的方向发展。最后，应积极推动传统产业与云计算、大数据、人工智能等前沿技术的深度融合，打破技术壁垒与产业界限，促进传统产业与新兴技术的相互渗透与交叉融合。大力建设数字化、网络化、智能化的产业平台与生态系统，实现产业链上下游企业的紧密协作与资源共享，延伸产业链条，拓展产业空间。同时，传统行业应主动利用大数据分析与人工智能技术，对市场需求、用户行为、生产流程等关键环节进行精准洞察与优化，重塑产业价值体系，提升传统产业的市场竞争力与附加值。这种深度融合与跨界融合的发展模式，将为传统产业带来前所未有的发展机遇与增长空间，推动其在新时代背景下焕发新生。

另一方面，要培育壮大新兴产业，抢占产业发展制高点。在构建现代化产业体系的进程中，培育壮大新兴产业无疑占据了举足轻重的地位。作为驱动经济增长的新引擎与未来全球产业竞争的核心战场，新兴产业的壮大对于国家竞争力的跃升具有不可估量的价值。首先，针对信息技术、生物技术、新能源、新材料等前沿领域，国家需进一步强化政策导向作用，制定具有前瞻性和针对性的扶持政策，为新兴产业的快速发展提供坚实的制度保障。同时，加大资金投入力度，通过设立专项基金、提供低息贷款、税收优惠等多种方式，为新兴企业的技术创新与市场拓展提供充足的资金支持。其次，在技术创新与成果转化方面，应建立健全产学研用深度融合的创新体系，鼓励企业、高校、科研院所等创新主体之间的紧密合作，加速科技成果从实验室走向市场，转化为现实生产力。依托重大科技项目、建设共性技术研发平台、推广先进适用技术等措施，不断提升新兴产业的技术水平与核心竞争力。再次，建设高水平创新平台与产业基地也是培育新兴产业的重要一环。这些平台与基地将成为吸引全球顶尖人才与创新资源的重要载体，通过提供优越的研发条件、完善的服务体系、开放的合作环境，促进创新要素的自由流动与高效配置，形成创新驱动的发展高地。最后，要推动新兴产业与传统产业的深度融合。新兴产业的快速发展能够为传统产业提供新的市场空间与增长动力，实现新旧动能的无缝对接与协同发展，共同开创产业发展新局面。

此外，还要前瞻布局未来产业，引领产业发展新潮流。未来产业，作为科技创新与产业发展的最尖端领域，不仅是塑造国家长远竞争优势的关键所在，更是引领全球产业格局深刻变革的先锋旗帜。在此时代背景下，需秉持全球视野与前瞻思维，深刻洞察未来产业发展的脉动，精准把握其演进趋势，确保中国在科技创新与产业发展的浪潮中始终占据领先地位。为抢占未来产业发展的先机，国家必须以强大的决心与力度，提前布局量子信息、类脑智能、基因编辑等前沿科技领域。这些领域不仅是未来科技发展的制高点，更是决定国家综合国力与国际地位的关键因素。因此，要进一步加大对这些领域的基础研究与应用研发的投入，构建跨学科、跨领域的协同创新体系，推动原创性成果不断涌现，为产业发展提供坚实的科技支撑。同时，还要积极拓宽国际视野，加强与国际先进水平的交流合作。中国应主动参与全球创新网络的建设，与世界各国共同探索未来产业发展的新路径、新模式，实现科技创新资源的全球优化配置与共享。在此过程中，不仅要吸收借鉴国际先进经验与技术，更要勇于展现中国智慧与中国方案，为全球产业体系的变革贡献中国力量。最后，还要将未来产业的发展与国家战略需求紧密结合，以市场需求为导向，推动科技成果的快速转化与应用。建设一批高水平的未来产业创新示范区与产业基地，打造完整的产业链条与生态系统，加速未来产业的商业化进程与规模化发展。这些示范区与产业基地将有助于形成具有全球竞争力的未来产业集群，为新质生产力的持续发展提供活力，并为中国经济的可持续发展注入动力。

（四）健全中国特色现代金融体系，服务实体经济

关键核心技术的突破性进展与现代化产业体系的建设推动着新质生产力的快速发展。而技术突破与产业发展，均离不开一个健全、高效且充满活力的中国特色现代金融体系。中国特色现代金融体系，其精髓在于精准对接国家发展战略与市场需求，通过优化金融资源配置，实现资本与技术的深度融合，为科技创新提供源源不断的"金融活水"。尽管国务院印发了《国务院关于推进普惠金融高质量发展的实施意见》《关于加强监管防范风险推动资本市场高质量发展的若干意见》等文件，中国人民银行印发了《金融科技发展规划（2022—2025年）》《金融标准化"十

四五"发展规划》等文件，极大地推动了金融市场的建设，但中国培育新质生产力仍存在资源流动渠道不畅通、市场潜力开发不充分等问题，① 需要进一步健全中国特色现代金融体系，以深度融合的科技金融支撑科技和产业创新，以差异化的金融服务满足处于不同生命周期企业的需求，以低碳环保的绿色金融牵引经济健康发展，进而助力新质生产力加快发展。②

一方面，要深化科技金融融合，助力创新型企业成长。在推动新质生产力加速发展的征途上，深化科技金融的深度融合，是激发科技创新内在活力、促进创新型企业茁壮成长的关键路径之一。首先，金融机构需积极拥抱科技变革，加大对科技金融产品与服务的研发投入，创新金融产品和服务模式，以精准匹配科技企业的多元化融资需求。金融机构要深入理解科技企业从初创期、成长期到成熟期的不同成长阶段特点，量身定制融资解决方案，有效缓解其在研发投入、技术成果转化及市场扩张等关键环节的资金瓶颈。通过提供灵活的贷款条件、创新的担保方式以及风险共担机制，为科

---

① 曾铮：《发展新质生产力需要重视的几个理论问题》，《光明日报》2024 年 4 月 2 日第 11 版。

② 张嘉明：《以金融活水滋养新质生产力（新论）》，《人民日报》2024 年 5 月 22 日第 5 版。

技企业铺设一条畅通的融资之路。其次，要优化信贷政策与拓宽融资渠道，降低创新型企业融资成本、增强其市场竞争力。既要优化调整信贷政策，引导金融机构加大对科技创新的支持力度，对符合条件的创新型企业给予利率优惠、贷款额度增加等实质性支持；又要积极发展多层次资本市场，扩大直接融资比例，降低企业的融资成本，为创新型企业提供更多元化的融资选择，通过资本市场的资源配置功能，加速科技成果向现实生产力的转化。最后，要提升金融服务实体经济的效率和透明度，确保资金精准滴灌至创新项目、促进科技成果快速转化。金融机构应利用大数据、云计算、人工智能等现代信息技术手段，提升金融服务效率，实现资金供需信息的快速匹配与精准对接。同时，要加强金融监管与信息披露，提高金融市场的透明度与规范性，为创新型企业营造一个公平、公正、公开的融资环境。

另一方面，要推动绿色金融发展，促进可持续发展。绿色金融，作为连接环境保护与经济增长的桥梁，其核心价值在于引导资金流向绿色、低碳、环保的产业和项目，从而助力经济结构的绿色转型与升级。首先，金融机构需学习、贯彻绿色金融理念，将其融入日常经营管理与业务创新之中。在深化科技金融融合机制的基础上，进一步加大对绿色金融产品和服务的研发投入，设计出既符合科技企业成长周期特点，又兼顾环境保护与社会责任的融资解决方案。这些方案能够精准对接绿色技术、清洁能源、节能减排等领域的融资需求，为创新型绿色企业提供全生命周期的金融支持，有效缓解其在技术研发、产品推广及市场拓展等关键阶段的资金困境。其次，金融机构可以通过实施差异化的信贷政策，对绿色项目给予更多的利率优惠、贷款额度倾斜等支持措施，显著降低绿色企业的融资成本，提升其市场竞争力。最后，金融机构还应积极发展绿色债券、绿色基金等直接融资工具，拓宽绿色企业的融资渠道，吸引更多社会资本投入到绿色产业中，为可持续发展注入强劲动力。此外，金融机构应充分利用现代科技手段，提升绿色金融服务的智能化、精准化水平，确保资金能够迅速、准确地流向真正有需求的绿色项目。同时，也要加强绿色金融信息披露与监管，提高市场透明度，为投资者提供清晰、准确的投资决策依据，共同推动绿色金融市场的健康发展。

此外，还要防范金融风险，确保金融资源有效服务实体经济。在促进金融资本高效服务实体经济的过程中，防范化解金融风险是不可或缺的一环。一方面，需强化金融监管的广度与深度，构建一套覆盖金融机构、金融市场、金融产品以及金融基础设施的全方位监管体系。实施更加精细化的日常监管措施，结合先进的风险预警系统，实现对金融风险的早发现、早报告、早处置，有效遏制风险扩散与蔓延。同时，注重监管的灵活性与适应性，根据市场变化与金融创新的实际情况，及时调整监管政策与手段，确保监管的有效性与针对性。另一方面，在优化金融资源配置方面，应坚持市场导向与政策引导相结合的原则，通过精准施策，引导金融资源向实体经济中的重点领域与薄弱环节倾斜。特别是要加大对制造业、高新技术产业、战略性新兴产业等关键领域的支持力度，通过提供长期、稳定、低成本的资金支持，助力这些领域的技术创新、产业升级与市场拓展。此外，还应关注小微企业、民营企业等市场主体的融资需求，通过创新金融产品与服务模式，拓宽其融资渠道，降低融资成本，激发市场活力与创造力。并且，要进一步强化跨部门、跨领域的协调合作机制。金融监管部门应与其他政府部门、行业协会、金融机构等建立紧密的沟通与合作关系，共同研究制定金融政策、监管规则与风险处置方案。以信息共享、联合执法、协同处置等方式，形成金融监管的合力，有效应对跨市场、跨行业的金融风险挑战。

（五）深化要素市场改革，提高资源配置效率

深化要素市场化改革，不仅是适应新时代发展要求的必然选择，也是激发市场活力、促进产业升级、实现经济可持续发

展的关键所在。要素市场化改革旨在打破传统体制机制的束缚，让市场在资源配置中起决定性作用，从而推动各类生产要素的自由流动与高效配置，为新质生产力的快速发展奠定坚实基础。要素作为生产力的基本构成单元，其市场化程度直接影响着生产力的整体效能。土地、劳动力等传统要素以及数据等数字时代新型生产要素，其市场化改革的深化对于提升资源配置效率、优化经济结构、增强经济内生增长动力具有重大意义。深化土地要素市场化改革，可以促进土地资源的优化配置与高效利用，为产业发展提供坚实的空间支撑；深化劳动力市场改革，则能打破地域与户籍壁垒，促进劳动力自由流动与优化配置，为产业升级提供充足的人才保障；而深化数据要素市场改革，更是顺应数字经济时代潮流，能激活数据价值，为新质生产力的创新发展注入强大动力。

首先，要深化土地要素市场化改革，促进土地高效利用。深化土地要素市场化改革的核心目标在于通过精细化的市场机制设计，优化土地资源配置效率，推动土地资源从低效利用向高效集约转变，为新质生产力的发展提供坚实的空间载体。深化土地要素市场化改革的首要任务是进一步完善土地出让、租赁、转让等市场机制，确保土地资源的配置过程既透明又公正，同时兼具高效性。这不仅要建立健全的土地市场交易平台，实现土地交易信息的实时更新与全面公开，还要强化市场信息的共享机制，确保各类市场主体能够基于充分、准确的信息进行理性判断与决策，从而有效避免信息不对称带来的资源浪费与配置扭曲。在完善相关市场机制的基础上，还要注重加强土地市场监管。要加大对土地投机行为的打击力度，严惩违法违规行为，有效遏制土地市场的无序竞争与过度开发，确保土地资源在合理保护的前提下进行有序开发，实现开发与保护的良性互动。此外，探索并推广土地节约集约利用的新模式，也是深化土地要素市场化改革的重要方向。面对土地资源日益紧张的现实挑战，必须转变传统的土地利用观念，积极寻求土地利用效率的最大化。例如，通过推广多层厂房、立体农业等创新模式，可以在有限的土地面积上承载更多的经济活动，提高土地利用的集约化程度与综合效益。这不仅有助于缓解土地供需矛盾，还能为产业升级与结构优化腾出宝贵空间，助推新质生产力的快速发展。

其次，要深化劳动力市场化改革，提升劳动力流动性和匹配效率。劳动力市场作为资源配置的关键领域，其改革的深度与广度直接关系到劳动力潜能的释放与生产效率的提升。劳动力作为生产力中最具活力与创造力的要素，其自由流动与高效匹配是推动新质生产力发展的重要一环。深化劳动力市场的核心在于打破户籍、地域等传统壁垒，构建更加开放、包容的市场环境，让劳动力能够跨越界限，根据市场信号的引导自由迁徙与流动。这不仅要求建立健全的劳动力流动机制，包括优化户籍管理制度、完善社会保障体系、加强跨地区就业服务等，以消除劳动力流动的体制性障碍，还要求推动信息技术的应用，建立全国统一的劳动力市场信息平台，提高劳动力供需匹配的精准度与效率，实现劳动力资源的优化配置。同时，还要持续提升劳动力素质，进一步加强职业教育和培训，提升劳动力技能水平、拓宽就业渠道，使之与产业升级的需求相匹配。一方面，政府应加大对职业教育的投入，优化职业教育资源配置，构建与产业发展紧密对接的职业教育体系，确保教育内容与实际工作需求高度契合，提高职业教育的针对性和实效性；另一方面，还要鼓励企业积极参与职业教育与培训，以内部培训、校企合作等方式，提升员工的专业技能与综合素质，为产业升级提供坚实的人才基础。

最后，要深化数据要素市场化改革，激活数据价值。步入数字经济的新纪元，数据已跃然成为驱动生产力跃升的关键生产要素，其蕴含的价值与潜力不可估量。深化数据要素市场化改革，其核心目标是构建以市场为主导的数据资源配置体系，以实现数据流动的价值最大化，是解锁数据潜能、赋能新质生产力的关键路径之一。① 第一，要建立健全数据产权保护制度。不仅要在法律层面确立数据产权的法律地位与保护框架，还要出台配套政策，细化数据产权的登记、评估、交易等具体环节，为数据资源的合法交易提供坚实的法律支撑与制度保障，明确界定数据产权的归属与权益分配机制，保障数据交易公平、公正进行。第二，要推动数据交易流通机制的建立与完善。构建开放、透明、高效的数据交易平台，打破数据孤岛，促进数据资源的跨领域、跨行业流动与共享。在保障数据安全与隐私的前提下，优化数据交易规则，降低交易成本，提高交易效率，使数据能够像其他生产要素一样，在市场中自由流通，实现价值的最大化。第三，要加强数据安全监管，确保数据要素市场健康发展。数据安全是数据价值得以实现的前提，也是维护国家安全、社会稳定与公众利益的重要保障。因此，必须建立健全的数据安全监管体系，加强对数据全生命周期的监管，包括数据的收集、存储、处理、传输、使用及销毁等各个环节，确保数据在流动中安全可控，防止数据泄露、滥用与非法交易等风险的发生。

---

① 魏巍、欧阳慧、王磊等：《推动数据要素市场化配置改革试点 激活重点城市新质生产力》，《宏观经济管理》2024 年第 6 期。

（六）扩大高水平对外开放，深化国际合作

在当前全球化深入发展的背景下，扩大高水平对外开放并深化国际合作，已成为推动新质生产力加快发展的重要战略选择。在全球化的深刻影响下，各国经济相互依存、紧密联系，形成了一个复杂而庞大的全球经济网络。面对这一趋势，必须深刻认识到，只有以更加开放的姿态融入世界经济体系，才能充分利用国内外两个市场、两种资源，实现经济的高质量发展。因此，扩大高水平对外开放，不仅意味着要放宽市场准入，吸引更多的国际资本、技术和管理经验，更要在制度、规则、标准等方面与国际接轨，构建起一个更加开放、透明、公平、可预期的投资贸易环境。一方面，扩大高水平开发将促进国内产业的转型升级和竞争力的提升，通过与国际先进水平的对标与竞争，激发国内企业的创新活力，推动产业升级和高质量发展。另一方面，也将促进国内外市场的深度融合与相互依存，为国内外企业搭建起更加宽广的合作平台，共同开拓国际市场，分享经济全球化带来的红利。

首先，要优化营商环境，打造国际竞争新优势。优化营商环境是吸引外资、促进国际贸易的重要途径，不仅能为国内外企业提供更加广阔的发展舞台，更能为新质生产力的快速发展提供良好的环境。第一，要深化"放管服"改革，激发市场活

力与创造力。进一步精简审批事项、优化审批流程、压缩审批时限，打破行政壁垒，释放市场潜能。同时，强化事中事后监管，利用大数据、云计算等现代信息技术手段，实现监管的精准化、智能化，确保市场活动既自由又规范。第二，要强化法治保障，构建公平、公正、透明的营商环境。不断完善相关法律法规体系，确保各类市场主体在公平、公正、透明的法治环境中竞争发展，包括加强知识产权保护、完善反垄断和反不正当竞争法律法规、加强司法公正等。第三，还要推动政务服务智能化转型，提升服务效率与质量。充分利用现代信息技术手段，构建线上政务服务平台，实现政务服务事项的"一网通办""跨省通办"。通过数据的互联互通和共享共用，打破信息孤岛，让数据多跑路、企业少跑腿。同时，加强数字政府建设，提升政府决策的科学化、精准化水平，为市场主体提供更加个性化、高效便捷的政务服务体验。第四，还要加强国际合作与交流，提升营商环境国际竞争力。积极与国际组织、跨国企业等建立紧密的合作关系，学习借鉴国际先进经验与管理模式，并主动加强与国际伙伴在营商环境领域的交流与合作，提升中国营商环境的国际竞争力，吸引更多国际资本和人才涌入中国市场。

其次，要深化制度型开放，培育国际合作新动能。制度型开放是更高层次的开放，它要求在国际经贸规则、管理标准等方面实现与国际社会的深度对接，更在于通过制度创新激发国际合作的新动能，共同探索新质生产力发展的新边界。第一，中国应主动对接国际高标准经贸规则，积极参与其谈判与修订过程，推动形成更加开放、公平、透明的国际经贸规则体系。这不仅能提升中国在全球经济治理中的话语权，还能为国内企业参与国际竞争创造更加有利的外部环境，推动其新质生产力的创新发展。第二，中国要积极参与国际经济金融组织、多边开发银行等国际机构的合作，共同推动全球治理体系的改革与完善。主动加强与这些机构的战略对话与政策协调，从而更好地反映中国利益诉求，提升在全球经济治理中的参与度和影响力。同时，借助国际组织的平台，中国可以与各国分享新质生产力发展的经验成果，推动国际的技术交流与合作。第三，数字经济作为新质生产力的重要组成部分，还要重点加强与各国在数字经济领域的国际合作，共同推动数字技术的研发与应用、数字基础设施的互联互通、数字贸易的便利化等。以国际合作与交流，共享数字经济发展的机遇与成果，抢占新质生产力的制高点。

最后，要提升贸易投资合作质量，共筑开放型世界经济。在扩大开放的过程中，既要注重量的增长，更要注重质的提升。一方面，要优化贸易结构，促进货物与服务贸易共同发展。积极调整和优化贸易结构，推动贸易发展模式由传统的货物贸易为主，向货物贸易与服务贸易并重、相互促进的新格局转变。加强服务贸易的发展，特别是高技术、高附加值的服务业，如金融服务、信息技术服务、研发设计等，提升中国在全球服务贸易领域的竞争力与影响力。同时，促进贸易与产业的深度融合，以贸易的高质量发展带动产业结构的优化升级，为新质生产力的培育提供强劲动力。另一方面，要引导外资高质量流入，助力高新技术产业与现代服务业发展。在吸引外资方面，更加注重外资的质量与效益，积极引导外资更多投向高新技术产业、现代服务业等战略性新兴产业，以及绿色经济、数字经济等前沿领域。此外，还要加强国际合作，共同应对全球性挑战。面对气候变化、公共卫生等全球性挑战，中国应积极加强与国际社会的合作，共同寻求应对之策。在气候变化领域，推动绿色低碳发展，加强与国际伙伴在清洁能源、碳减排技术等方面的交流与合作；在公共卫生领域，加强全球卫生治理体系建设，提升疾病防控国际合作水平，共同构建人类卫生健康共同体。

第六章 重要辨析——新型生产关系与传统生产关系的辩证统一性

一　二者的区别性

(一) 技术—经济范式演化

1. 新一轮科技革命和产业变革浪潮兴起

世界的现代化进程由科技革命推动，每一次科技革命都深刻改变着人们的生产方式和生活方式，正如马克思所指出的，"手推磨产生的是封建主的社会，蒸汽磨产生的是工业资本家的社会"。① 目前，新一轮科技革命和产业变革以人工智能、虚拟现实技术为代表，基于计算机二进制算法的底层数字技术不断推进数字产业化和产业数字化，以算力代替网力，如同工业革命伊始的蒸汽机那般具有突破性，引发社会经济的深刻变革。

新一轮科技革命和产业变革聚焦前沿科技领域，涵盖技术革新、材料创新、能源转型及智能科技等多维度，加速了技术

---

① 《马克思恩格斯文集》第一卷，人民出版社2009年版，第602页。

迭代，推动了科技创新与经济社会的深度融合，生产方式与生活方式因此发生根本性变革。人工智能、物联网等新兴技术的普及，不仅提升了生产效率与生活质量，还为新发展格局的形成提供了坚实支撑。科技创新主体日益多元化，企业、高校与创新创业团队成为新动力，加速科技成果转化。同时，创新范式向数据驱动、理论指导、仿真模拟转变，以大数据为基石，实现科研与创新的精准高效。

先进数字技术所引领的科技革命为产业革命提供了强大的技术支持和推动力量，新技术的发展推动了数字经济的崛起，新材料的出现造就了新行业的兴起，新能源的突破为绿色发展提供了强劲动力。因此，新一轮科技革命往往与产业变革相伴相随。

新一轮产业变革的内涵体现在产业结构、产业链水平、产业集群三个方面。首先，新一轮科技革命以战略性新兴产业和数字经济为方向和指引，推动产业结构优化升级。一方面，快速成长的新兴产业成为经济增长的重要支撑，推动产业结构向更加多元化、高级化的方向发展；另一方面，中国传统产业加速转型升级。传统产业向高技术、高附加值方向转型，不断夯实现代化产业体系的基础，强化制造业高质量发展在规模体量和结构比重上的基本保障。其次，中国企业通过加强自主研发和协同创新不断提升产业链水平,形成了更为完善的产业生态。最后,产业集群效应日益显著,不断为产业变革提供强大动力,不断增强发展的整体性。各个地区具有不同的资源禀赋、产业基础和市场优势,而新一轮科技革命和产业革命会推动城际产业关联水平的提升,从而促进区域产业均衡发展。产业间关联水平的提升推动创新和人才的集聚,为企业提供了丰富的创新要素和支撑,从而为新一轮产业革命的均衡发展态势奠定基础。

生产力决定生产关系,生产关系是"随着物质生产资料、生产力的变化和发展而变化和改变的"。[①] 在演化与创新经济学家卡洛塔·佩雷斯提出的技术—经济范式视角下,技术—经济范式由关键技术发展演变而来,塑造了生产力的增长方式和方向,并引发行业成本结构的重大变化。在此背景下,新型生产关系与传统生产关系所面对的技术—经济范式显然并非一种。

新一轮科技革命和产业变革正引领着生产关系的深刻变革。传统生产关系更多地依赖于人力和机械设备,生产效率相对较低,灵活性不足,虽然在一些稳定需求和产业中仍具有优

---

① 《马克思恩格斯选集》第一卷,人民出版社2012年版,第340页。

势，但面对新技术革命的冲击，其局限性日益凸显。随着信息技术、人工智能、生物技术等领域的迅猛发展，新型生产关系依托数字化、智能化和网络化技术，构建了高效、灵活、响应迅速的生产体系。新一代信息技术不仅提高了生产效率，降低了成本，还促进了商业模式的创新和管理方式的变革，形成了全新的技术—经济范式，强调技术创新与市场需求的紧密结合，推动产业结构的优化升级，为经济增长注入了新的动力。

2. 经济增长方式转型与动力转换

每一次巨大的发展浪潮都包含一个动荡的扩散和同化过程。在演化经济学中，技术创新不仅仅是技术层面的突破，而是塑造新经济形态和生产关系的关键因素，技术创新通过引入新的生产工具、工艺和方法，提高了生产效率，催生了新的产业形态和市场需求。现有产业的增长引擎被新兴产业取代，现有的技术和流行的范式被新技术淘汰和改造，许多曾有效的工作和管理技能已经过时，需要开展重新学习、学习和再学习的过程。

在新一轮科技革命和产业变革的浪潮下，经济增长模式转换，经济增长动力转变。随着科技进步和全球化的深入发展，传统以劳动力、资本密集型为主的经济增长模式已难以满足可持续发展的需求，经济增长方式必须向技术密集型、创新驱动型转变。转型的动力主要源自科技创新。科技创新是现代生产力发展的核心要素。生产力发展是推动社会进步和生产关系变革的决定性力量，而"社会的物质生产力发展到一定阶段，便同它们一直在其中运动的现存生产关系或财产关系（这只是生产关系的法律用语）发生矛盾。于是这些关系便由生产力的发展形式变成生产力的桎梏"。① 生产关系是适应生产力发展的要求而建立起来的，必须适应生产力发展水平才能进一步促进社会生产力发展。因此，随着新质生产力的形成与发展，生产关系也呈现出由传统生产关系向新型生产关系的转变。

在传统经济增长模式中，经济增长主要依靠劳动力、资本等传统生产要素的投入，传统生产关系依赖于较为稳定的技术体系和资源禀赋，形成了相对固化的生产模式和路径依赖。因此，在技术创新方面，传统生产关系往往表现出较弱的自主创新能力，对外部技术的依赖程度较高，但技术依赖限制了生产效率和产品质量的提升。在传统的经济增长模式下，生产关系相对稳定，变化缓慢，难以快速适应新技术革命带来的挑战和机遇。

在新一轮科技革命和产业变革的浪潮中，技术创新成为经

---

① 《马克思恩格斯文集》第二卷，人民出版社2009年版，第591页。

济增长的核心驱动力。以人工智能、大数据、云计算、物联网等为代表的新一代信息技术使经济增长模式发生改变，技术密集型的经济增长模式要求生产关系必须具备高度的灵活性和适应性，能够快速响应技术变革带来的市场变化。因此，新型生产关系强调知识共享、协同创新、跨界融合，鼓励企业、高校、科研机构等多方主体共同参与技术创新过程，形成开放合作、互利共赢的创新生态体系。

（二）生产关系内涵深化

1. 生产资料所有制内涵拓展

生产资料所有制是生产关系中的核心范畴，直接决定并影响着社会再生产过程四个环节的具体关系。中国实行以公有制为主体，多种所有制经济共同发展的所有制结构，体现了社会主义制度的本质特征，顺应了市场经济的发展需求。在较长时间内，该所有制结构保持了相对稳定，但它也展现出随着经济社会进步的动态适应性，内涵不断丰富与发展。在数字经济时代，中国所有制的基本框架依旧稳固，但其具体内容正经历着新的扩展与深化。

信息、技术、数据等要素与传统生产要素相结合，共同构成了数字经济时代生产的物质基础，生产资料所有制形式不断创新变化。传统生产关系中的生产资料所有制形式往往比较固定、单一，所有权、使用权、收益权等权益的配置和流转受到诸多限制。而在新型生产关系下，随着信息、技术、数据等要素投入生产过程，部分生产资料的所有权可以更加灵活地分离、结合，使用权可以更加广泛地共享、流转，收益权可以更加公正地分配、享有。

信息、技术要素与传统生产资料的融合及对其的创新与发展，使生产资料所有制内涵得到拓展。信息要素能够实现高效流通与快速整合，使生产资料的管理、配置和利用变得更加高效、精准。技术要素的广泛推广和应用为传统生产资料增添了智能化、自动化的特性。除了与传统生产资料的融合，信息、技术要素催生了一系列新型的生产资料，如数据等。此类融合与创新丰富了生产资料的种类和形态，深化了生产资料所有制的内涵。

数据作为关键的生产要素，是直接或间接创造社会财富的重要资源，也是参与社会财富或收入分配的重要依据。相比传统的生产要素，如土地、资本和劳动，数据要素的生产过程在主体和过程上具有双重复杂性。并且，与传统生产要素不同，数据要素具备来源开放性、物理可复制性、非竞争性等典型特征，在劳动过程中仅参与旧价值的转移和新使用价值的形成，不创造新价值，并且数据要素的特性和参与劳动过程的方式决定了数据要素再生产的特征。

在生产力发展和社会分工细化下,明晰的产权制度能够提升生产效率和资源的配置效率,同时也是按贡献决定报酬的分配机制的基础。如果数据产权制度不清晰,那么数字商品的生产和积累过程必然导致资本所有者与劳动者的两极分化,以及资本所有者与消费者之间的不公平分配。

2. 直接生产关系变革

在科技创新体制机制方面,新型生产关系展现出前所未有的活力与深度。在新型生产关系下,科技创新的投入力度加大,促使资金、人才等资源向科研前沿和关键技术领域倾斜。同时,高效协同的创新生态系统得以构建,包括政府、企业、高校及研究机构等多方参与,多方主体通过政策引导、产学研合作、资金支持等多元化手段,加速科技成果的孵化与转化。此外,灵活的科技创新管理机制被引入,科技创新管理机制鼓励企业设立内部创新部门或实验室,赋予科研人员更多自主权,促进科研与市场需求的紧密结合。通过构建开放合作、公平竞争、风险共担的科技创新机制,新型生产关系在一定程度上可以解决传统生产关系引致的创新动力不足、转化机制不健全、激励机制缺乏等问题。

在组织方式和管理方式的革新上,新型生产关系展现出了高度的灵活性与协同性。在新型生产关系下，传统科层制的僵化框架逐渐被摒弃，部分企业内部采用扁平化、网络化的组织结构，使得信息流通更加迅速，决策过程更加民主高效。扁平化、网络化的组织结构鼓励跨部门、跨领域的沟通与协作，促进了资源的优化配置与共享。同时，新型生产关系不再局限于传统的流水线式固定分工，而是倡导灵活多变的团队作业与项目制管理。员工被赋予更多自主权，能够根据自身专长和项目需求灵活调整角色与任务，实现个人价值与企业目标的双赢。

在生产过程的可持续性方面，新型生产关系相较于传统生产关系实现了显著的进步与转变。在新型生产关系下，可持续发展理念贯穿于生产的全过程。通过引入先进的绿色技术和环保标准，生产环节中实现了节能减排和污染控制，废弃物的资源化利用和循环利用受到重视。通过建立循环经济模式，企业实现了废弃物的减量化、资源化和无害化处理，将废弃物转化为新的生产资源或能源，有效提高了资源利用效率。在新型生产关系下，生态设计与绿色供应链管理进一步优化。在产品设计阶段，企业通过采用环保材料、简化产品结构、提高产品耐用性等措施，从源头上降低了产品的环境负荷，在供应链管理方面，企业积极与供应商合作，共同推动绿色采购和环保生产，构建绿色供应链体系。

3. 分配关系调整

马克思指出:"分配关系本质上和这些生产关系是同一的,是生产关系的反面,所以二者共有同样的历史的暂时的性质。"[1] 因此,要解放和发展新质生产力,需要不断变革生产关系,尤其是分配关系。

首先是分配原则。在传统生产关系中,分配原则主要围绕"按劳分配"这一核心展开,在一定程度上体现了公平与效率的结合,鼓励了劳动者的积极性和劳动热情。其局限性在于未能充分考虑生产要素的多样性、劳动者技能差异和创新贡献等因素。当前,制约新质生产力发展的分配方式的问题主要体现在数据要素收益的分配、科技劳动的分配、复杂劳动的分配等。在数字经济时代,数据要素能够与其他生产要素结合参与生产,提高劳动生产率,直接创造出数字财富,但是,数据要素具有分散性、易复制性等特征,兼具要素和商品属性,其产权确认面临多重挑战,需通过"三权分置"构建产权基础。在科技劳动分配方面,存在一般类型科技企业未充分体现科技劳动者价值、科研院所科技劳动者收入受行政管制较多、专利转让的收入分配机制不完善、科学家贡献分配比例不当等问

---

[1] 《马克思恩格斯选集》第二卷,人民出版社 2012 年版,第 648 页。

题。科技进步是发展新质生产力的关键，而科技进步的重要推动力量是科技劳动者，需建立健全能够激发科技劳动者创新动力的分配制度。中国的基本收入分配制度是以按劳分配为主体，多种分配方式并存，但在生产力与生产关系的变革下，需要明晰"按劳分配"中"劳"的定义，即为"劳动"。结合新一轮科技革命和产业变革中劳动内涵的扩展，发展新质生产力的劳动主要是复杂劳动，包括知识劳动、管理劳动、科技劳动和数据劳动等。因此，在新型生产关系下，分配制度的重点应向知识劳动者、管理劳动者、科技劳动者和数据劳动者等倾斜。

其次是分配方式。在传统生产关系中，分配方式相对单一，以工资、奖金等直接货币形式的报酬为主。单一的分配方式在一定程度上保障了劳动者的基本生活需求，但难以全面反映劳动者的实际贡献、创新能力和长期价值等。在新型生产关系下，除了传统的工资、奖金，股权激励、分红计划、利润分享等长期激励机制得以引入，将劳动者的收入与企业的整体业绩和未来发展紧密绑定，激发劳动者的主人翁意识和长期奋斗精神。此外，如提供培训机会、职业晋升路径、良好的工作环境和企业文化等类型的非物质形式的激励受到重视，同样能够增强劳动者的归属感和满意度，提高生产效率和创新能力。同时新型生产关系还积极探索基于信息、技术、数据等新型生产要素的分配方式,如数据要素市场化交易等,创新性的分配方式不仅有助于更好地体现新型生产要素的价值和贡献,也为劳动者提供了更多元化的收入来源和更广阔的发展空间。

再次是分配机制。在传统生产关系中,分配机制往往侧重于静态的、刚性的规则制定,如固定的工资结构、按层级划分的薪酬体系等,能够确保一定的公平性和可预测性,但难以灵活应对市场变化和技术进步带来的挑战,显得较为保守和滞后。由于劳动方式的改变,新型生产关系致力于构建更加灵活、高效、公平的分配机制,例如在产消型劳动中,消费者亦是数据生产者,应建立共享数据收益的分配机制。一方面,新的分配机制强调动态调整,根据市场状况、企业效益以及劳动者的实际贡献进行灵活调整,确保收入分配既能反映劳动者的努力成果,又能激励其持续进步和创新;另一方面,新的分配机制注重透明度和公正性,通过建立完善的评估体系、公开透明的分配流程和有效的监督机制,确保分配过程的公正合理,减少人为干预和暗箱操作。

最后是分配格局。在传统生产关系中,分配格局往往呈现出较为明显的阶层固化现象,高收入群体与低收入群体之间的差距显著,且有随时间扩大的趋势。一方面,随着资本积累和技术进步的加速，资本与劳动之间的收入差距逐渐扩大。资本所有者凭借对资本的控制和运营，获得了高额利润，而劳动者在收入分配中往往处于劣势地位，难以分享经济增长的成果，进而导致社会财富向少数人集中，加剧了社会的不平等程度。另一方面，不同行业、不同地区之间的收入差距也在扩大。一些垄断行业和发达地区通过垄断资源、高新技术、控制市场等手段，获取较多的利益，而一些传统产业、落后地区则面临资源短缺、收入较低或成本上升的困境。旧有分配格局限制了低收入群体的上升通道，削弱了社会的整体消费能力和经济增长潜力。新型生产关系为分配格局的调整带来了新的契机。一方面，通过提高最低工资标准、加强社会保障体系建设等措施，低收入群体的基本生活需求得以保障，贫富差距被缩小。另一方面，通过改革税收政策、完善转移支付制度等手段，能够对高收入群体进行合理调节，减少不必要的收入差异。随着科技的进步和产业的发展，在新型生产关系下，新兴产业和高技能劳动者将获得更多的发展机会和更高的收入回报，有助于打破传统的阶层界限，推动社会结构的优化和升级。

4. 交换关系更新

马克思指出："黑人就是黑人。只有在一定的关系下，他才成为奴隶。纺纱机是纺棉花的机器。只有在一定的关系下，它才成为资本。脱离了这种关系，它也就不是资本了，就像黄金本身并不是货币，砂糖并不是砂糖的价格一样。"① 因此，交换关系体现和反映生产关系的性质是历史的、具体的，而非永恒的、一成不变的。新质生产力的发展进一步扩大了交换关系的时空范围，弱化了地域限制和市场壁垒，打破了物理时空的限制和障碍，市场的流动性和灵活性极大增强。不同区域、不同规模、不同种类的多样化市场向着更加融合统一的方向发展，加速了市场一体化进程。交换关系的更新具体表现在交换主体、交换方式、交换内容三个方面。

首先是交换主体。交换主体的变化是新型生产关系相较于传统生产关系最为显著的特征之一。在传统生产关系中，交换活动主要围绕生产者与消费者进行，是相对直接且明确的交换关系，生产者制造商品或服务，通过市场渠道传递给消费者，以满足其需求并获取相应的报酬。然而，在新型生产关系下，随着技术革新和市场机制的演变，交换主体呈现出多元化和复杂化的趋势。平台成为不可忽视的交换主体，利用互联网和信息技术构建起了连接生产者与消费者的桥梁，通过提供交易平台、支付系统、物流服务等手段改变了交换的方式，提升交换

---

① 《马克思恩格斯文集》第一卷，人民出版社 2009 年版，第 723 页。

效率。同时，共享经济中的服务提供者也成为新型交换主体的重要组成部分。在共享经济模式下，个人或小型组织可以将闲置资源通过平台分享给需要的人，打破了传统生产关系中的所有权界限，使得交换主体更加灵活多样，实现资源的优化配置和高效利用。此外，随着全球化的深入发展，跨国企业和国际组织等也成为新型生产关系中交换主体的一部分。通过国际贸易、投资和技术合作等方式，跨国企业和国际组织参与全球范围内的生产和交换活动，推动了全球经济的繁荣和发展。

其次是交换方式。在传统生产关系中，交换方式往往受限于地理位置、时间成本，主要以面对面的交易、市集贸易或通过固定的商业渠道进行。区块链、物联网等新兴技术的应用，为交换方式带来了更多的可能性。通过区块链实现商品溯源和防伪，能够确保交换过程中的信息透明和信任，利用物联网技术则可以实现智能物流，提高交换的自动化和智能化水平。在新一代信息技术的普及和应用下，市场交易的形态和渠道得以极大丰富。电子商务的兴起使消费者可以通过网络平台随时随地浏览商品、下单购买，并享受便捷的配送服务。诸如以"线上选购、线下配送"为特点的交换方式，打破了地域限制，提高了交换效率。同时，移动支付技术的普及，使得交易支付变得更加快捷、安全，进一步推动了线上交换的繁荣。此外，跨境电商的崛起为全球范围内的交换活动开辟了新的途径。企业或个人可以通过跨境电商平台，将商品销售到世界各地，实现全球化经营。

最后是交换内容。在传统生产关系中，交换内容主要局限于实物商品和服务，如农产品、工业制成品、手工艺品和各类服务等，以实物产品和服务构成了市场交换的基本框架。然而，随着知识经济和信息时代的到来，交换内容开始超越传统范畴，向更加广泛和深入的领域拓展。例如，技术、信息和数据的交换成为新型生产关系下交换内容的重要组成部分，先进技术的引进、研发合作和技术咨询等技术服务成为交换的重要内容，信息的收集和分析能力成为企业竞争的关键要素，推动数据资源的交换和共享成为新的增长点，推动了产业升级和创新发展。随着可持续发展理念的深入人心，企业加大绿色技术研发和产品创新力度，消费者对于环保、低碳产品的需求不断增长，绿色产品和环保服务的交换也日益增多。交换内容的拓展是新型生产关系下经济发展的一个重要趋势，标志着社会经济活动的深度和广度不断增强。

5. 消费关系重构

在人类社会的演进历程中，生产力的跃升与生产关系的更迭构成了核心脉络，而消费则是社会进步的指示器。在马克思主义的经典论述中，不同社会形态下的"生产—消费"关系得以窥见。"在野蛮时代低级阶段，人们只是直接为了自身的消费而生产"，① 生产活动直接服务于个体及家庭的即时消费，中世纪社会中，虽有"个体小生产"的延续，但其生产或是为了自我直接消费，或是为了满足封建体系内领主的特定消费需求，体现了依附与层级化的社会结构。至资本主义时代，生产与消费的关系发生了根本性变化，交换机制成为二者之间的桥梁与纽带。在资本主义生产关系框架下，大工业生产体系蓬勃兴起，其显著特征在于"生产走在需求前面，供给强制需求"。② 在此过程中，生产不再仅仅响应既有的消费欲望，而是凭借其规模经济与技术创新的能力，创造出新的消费需求，进而推动了市场的扩张与社会的变革。进一步地，在社会主义生产关系下，"生产—消费"关系被赋予了新的内涵。社会主义强调生产资料的公有制与生产的计划性，这使得生产与消费之间建立起更为紧密和谐的联系。具体而言，生产活动不仅旨在满足人民日益增长的物质文化需求，更致力于实现社会的全面进步与人的自由全面发展，此时，消费也不再是单纯的经济

---

① 《马克思恩格斯选集》第四卷，人民出版社2012年版，第181页。
② 《马克思恩格斯全集》第四卷，人民出版社1958年版，第109页。

行为，而是成为衡量人民生活水平、促进社会公平正义的重要手段。因此，消费关系为"生产"所决定，处于不断的运动之中，从内容上来讲，消费关系涉及自然消费关系、社会消费关系和自然社会消费关系三个方面。

在自然消费关系层面，传统生产关系下，资源的开采和利用往往缺乏长远规划，导致资源枯竭、生态破坏等严重问题。而新型生产关系能够使消费活动向更加绿色、可持续的方向发展。新能源、新材料等是新质生产力发展的重要内容，也是在保护自然和生态的资源约束下，调整自然消费关系，实现绿色可持续发展的新途径。在新型生产关系下，消费者开始更加关注消费品的环保性能，生产商也积极响应市场需求，采用更加环保的生产技术和材料，降低生产过程中的能耗和排放，生产出更加符合环保标准的产品。此外，新型生产关系还推动了循环经济的发展。在循环经济模式下，资源的再利用和再循环成为重要原则，消费不再被视为一种单向的资源消耗过程，而是资源在经济社会系统中循环往复利用的一个环节。

在社会消费关系层面，新型生产关系重塑了消费者、生产者以及整个社会之间的互动模式。第一，消费观念经历了从物质追求到精神满足的深刻转变。传统生产关系下，消费往往被视为满足基本生活需求和物质欲望的手段，社会攀比和奢侈消费现象屡见不鲜。然而，在新型生产关系的推动下，消费者开始更加注重消费的内在价值和精神体验，追求个性化、品质化的生活方式。消费观念从物质追求到精神满足的转变促使生产商不断创新，推出更多符合消费者精神需求的产品和服务，从而推动了市场的多元化。第二，消费方式发生了革命性的变化。随着互联网技术的普及和电子商务的兴起，线上消费打破了传统实体店的地域限制，成为主流的消费方式，为消费者提供了更加便捷、高效的购物体验。此外，社交媒体的兴起也深刻影响了消费决策过程，消费者通过分享、评论和推荐等方式，形成了强大的口碑效应。第三，消费者权益保护得到了前所未有的重视。在新型生产关系下，法律法规不断完善，消费者权益保护组织日益壮大，为消费者提供了更加坚实的法律保障。电商平台也加强了对商家的监管和审核力度，建立了完善的售后服务体系，确保消费者在购买过程中能够享受到公平、透明的交易环境。第四，新型生产关系还促进了消费与生产之间的良性互动。在定制化、个性化生产模式的推动下，消费者能够参与到产品设计和生产过程中，提出自己的需求和意见，从而推动生产商不断改进产品和服务。同时，消费者反馈也成为生产商改进和创新的重要依据，促进了产品的迭代升级和市场的持续拓展。

在自然社会消费关系层面，新型生产关系正引领着一种更加和谐共生的消费模式，深刻影响着人与自然、人与社会之间的相互作用。自然社会消费关系涉及消费的自然过程和社会过程的互动关系，包括消费者的自然消费对自然环境和社会环境的影响，以及消费者所处的社会环境对人们利用自然、改造自然和消费自然的认识和影响等。随着全球环境问题的日益严峻，人类开始意识到消费活动对自然生态的深远影响，从而促使自然社会消费关系发生根本性变革。在新型生产关系下，消费者不再仅仅是资源的消耗者，而是逐渐转变为环境责任的承担者。同时，消费者也更加注重产品的生命周期管理，鼓励废弃物的再利用和资源的循环再生。生产商在此过程中扮演着至关重要的角色。生产商积极响应市场需求和环保趋势，采用清洁生产技术，减少生产过程中的污染物排放，降低对自然环境的负面影响。同时，生产商还加强了对产品生命周期的管理，从设计、生产、销售到回收的每一个环节都融入了环保元素，努力实现资源的最大化利用和废弃物的最小化产生。此外，政府和社会各界也在积极推动自然社会消费关系的变革。政府通过制定相关法律法规和政策措施，引导和支持绿色消费和绿色生产，如实施节能减排政策、推广可再生能源等。同时，社会各界也加强了对环保知识的宣传和教育，提高了公众的环保意识和参与度。消费者、生产商、政府和社会各界多方共治的局面，为自然社会消费关系的和谐共生提供了有力保障。

二 二者的联系性

马克思指出："辩证法在对现存事物的肯定的理解中同时包含对现存事物的否定的理解，即对现存事物的必然灭亡的理解；辩证法对每一种既成的形式都是从不断的运动中，因而也是从它的暂时性方面去理解；辩证法不崇拜任何东西，按其本质来说，它是批判的和革命的。"① 恩格斯在论述马克思对黑格尔辩证法所作的变革时指出："世界不是既成事物的集合体，而是过程的集合体。"② 唯物辩证法认为，新事物是在旧事物"母胎"中孕育成熟的，是内部矛盾运动的结果。新事物否定了旧事物中消极的、过时的因素，继承了积极的因素，增加了旧事物所没有的因素，以全新的结构、功能，适应已经变化了的环境条件。因此，根据唯物辩证法，新型生产关系在传统生产关系的基础上得以发展，其过程由对立统一规律、质量互变规律、否定之否定规律所决定。

---

① 《马克思恩格斯选集》第二卷，人民出版社2012年版，第94页。
② 《马克思恩格斯文集》第四卷，人民出版社2009年版，第298页。

(一)对立统一：改革与吸收

在唯物辩证法的体系中，对立统一规律是其实质和核心。对立统一规律揭示了事物内部固有的矛盾是事物自我运动、自我发展的内在依据，揭示了事物普遍联系的根本内容和永恒发展的内在动力。恩格斯把对立统一规律表述为"对立的相互渗透的规律"。①列宁指出："统一物之分为两个部分以及对它的矛盾着的部分的认识……是辩证法的实质。"②毛泽东在《矛盾论》中对对立统一规律的内容及其在辩证法中的地位作了全面深刻的论述，并将对立统一规律运用于中国革命和建设的实践，提出了一系列关于在对立中把握统一、在统一中认识和分析对立的思想方法和工作方法。③

万事万物都是矛盾，具有既对立又统一的关系，研究对立统一的工具，就是同一性和斗争性。同一性是指矛盾双方相互联系的性质，呈现出相互吸引的趋势，矛盾双方互为存在和发展的前提，二者相互依存，共处于一个统一体中，并且，矛盾双方相互渗透，包含着对方的因素，相互贯通，在一定条件下相互转化。新型生产关系与传统生产关系共同构成了社会经济

---

① 《马克思恩格斯文集》第九卷，人民出版社2009年版，第463页。
② 《列宁选集》第二卷，人民出版社1995年版，第556页。
③ 《毛泽东选集》第一卷，人民出版社1991年版，第299—340页。

发展的历史脉络，展现出深刻的同一性。新型生产关系是在传统生产关系的基础上革新发展而来，吸收了传统生产关系中有利于生产力发展的积极因素，如先进的管理组织方式、高效的技术等。而传统生产关系在与新型生产关系的并存中不断调整自身，同样吸收了新的因素。在技术进步与社会变革的推动下，新型生产关系与传统生产关系相互依存、相互渗透，在某些领域实现融合和转化，从而共同适应并推动生产力的发展。并且，从矛盾发展过程中的地位变化来看，同一性是相对的、有条件的。新型生产关系与传统生产关系共同构成了人类生产活动历史演进的连续谱系，依赖于中国特色社会主义制度不同发展阶段的社会历史背景、生产力发展水平以及社会主流价值观念等因素，随着这些因素的变化，同一性的表现形式和程度也会随之改变。

斗争性是指矛盾双方相互排斥、相互对立的性质，呈现出相互分离的趋势。新型生产关系与传统生产关系之间同样存在斗争性，二者对社会资源分配方式、生产效率提升路径等方面存在不同的追求和目标。新型生产关系追求更高的生产效率、更合理的资源配置，会对传统生产关系中阻碍生产力发展的因素形成挑战。传统生产关系存在既得利益，对新型生产关系的挑战有一定抵触与排斥，而新型生产关系需要通过实践证明其先进性，从而逐步取代或改造传统生产关系。二者相互排斥、相互对立的斗争性是绝对的、无条件的，不受任何外部条件或主观意愿的制约，是生产关系矛盾发展的必然结果，同样也是社会生产关系不断升级换代的内在动力。

新型生产关系与传统生产关系的同一性和斗争性相互联结、不可分离，斗争性是同一性的基础，没有斗争性就没有同一性，没有二者之间的斗争和竞争，就不会有新型生产关系对传统生产关系的扬弃和超越，也就无法形成更高层次上的统一。同时，同一性也离不开斗争性，因为没有同一性所确立的共存基础和相互渗透的通道，斗争性就可能陷入无意义的对抗和冲突之中，无法推动生产关系的实质性变革。

新型生产关系是在社会主义生产关系基础上，适应新质生产力发展进行的生产关系的局部优化和调整，是社会主义生产关系的自我完善和创新。作为生产力发展到一定阶段的产物，其出现本身就是对传统生产关系的一种超越和挑战，体现了矛盾双方的斗争性。然而，斗争并非全然对立、毫无关联，新型生产关系在批判传统的同时，也吸收并继承了其合理内核，体现了矛盾双方的同一性。在分析新型生产关系时不能忽视其与传统的联系，要在对立中看到同一，认识到其是在传统基础上的创新与发展。从传统生产关系的角度而言，虽然面临新型生产关系的冲击，但其中蕴含着深厚的文化底蕴和社会基础，是理解当前生产关系变革不可或缺的参照系。因此，在肯定新型生产关系的同时，也要在同一中把握对立，认识到传统生产关系中存在的局限性，从而更加清晰地看到变革的必要性和紧迫性。新型生产关系与传统生产关系之间的矛盾运动，是社会发展进步的内在动力。只有在对立中把握同一，在同一中把握对立，才能全面、准确地把握矛盾的本质和规律，为推动社会生产关系的持续变革和进步提供有力的思想武器。

（二）质量互变：发展与演化

量变是事物在数量上的增减，是连续的，体现事物发展的渐进性；质变是事物根本性质的变化，是突变的，体现事物发展的飞跃性。

量变存在两种形式，分别为数量的增减和要素的结构变化，前者为绝对值的增减，后者为结构形式与成分排列次序的变化。在新型生产关系与传统生产关系的矛盾演进中，量变体现为两种显著形式。首先是数量的增减，若直接反映在经济社会体系中，则表现为新型生产关系所占据的比重逐渐上升，而传统生产关系的比重相应下降。数量绝对值的增减是二者力量对比变化的直观体现，预示着生产关系转型的必然趋势。其次是要素的结构变化，涉及生产关系中各组成部分的重新排列与组合，如生产要素的分配方式、组织结构的调整以及劳动者与生产资料结合的新模式等，深刻影响着生产关系的内在机制与运行效率，为质变奠定基础。

质变存在两种基本形式，分别为爆发式的飞跃和非爆发式的飞跃。前者通常是解决对抗性矛盾的飞跃形式，必须通过强烈的外部冲突使事物发生根本质变，通常发生在社会矛盾激化到不可调和的地步，需要通过强烈的外部冲突，如社会革命或重大政策调整，来打破旧有框架，实现生产关系的根本性变革。后者是解决非对抗矛盾的飞跃形式，通过新要素的逐渐积累和旧要素的逐渐消亡来实现，适用于矛盾双方尚能保持一定程度和谐共存的情况。在非爆发式的飞跃下，新型生产关系的因素逐渐积累壮大，而传统生产关系的因素则逐渐失去生命力并趋于消亡。这一过程相对平缓而漫长，但同样能够实现社会主义生产关系的自我完善和改革。

在中国特色社会主义发展的历史长河中，新型生产关系与传统生产关系作为一对矛盾体，其演变过程深刻体现了量变与质变的辩证关系。新型生产关系的萌芽、发展直至初步确立，是一个长期而缓慢的量变过程。在此过程中，随着生产力水平的提高、生产技术的革新以及社会分工的细化，传统生产关系中的某些环节逐渐失去其原有的适应性和效率，而新型生产关系则通过不断调整和完善，逐渐积累起变革的力量。

一方面，量变和质变互相渗透，在总的量变过程中有阶段性和局部性的部分质变，阶段性部分质变是指事物的根本性质未变，而某些次要的质发生了变化，因而使总的量变过程呈现出阶段性，而局部性部分质变是指事物的全局没有发生根本性质的变化，但某些局部却发生了质变。当新型生产关系在量上积累到一定程度时，便会在某些领域或方面引发阶段性部分质变。同时，新型生产关系与传统生产关系的矛盾还体现在局部性部分质变上。在某些特定的区域、行业或群体中，新型生产关系已经取代了传统生产关系，成为主导力量。比如，在科技创新型企业中，扁平化管理、股权激励等新型生产关系元素的应用，使得这些企业在组织结构、激励机制等方面发生了根本性变化，与传统企业形成了鲜明对比。此类局部性部分质变虽然局限于特定范围内，但它通过示范效应和扩散机制，不断推动整个社会生产关系的整体变革。

另一方面，在质变过程中也有旧质在量上的收缩和新质在量上的扩张。事物在质变过程中，新质首先突破一点或几点，然后由点到面，在数量上迅速扩张，最终完全取代旧质。质变持续的时间有长有短，但总会有一个过程，其间必然伴随量的扩张。质变过程中量的扩张与量变不同，它是新质要素的扩张。在新型生产关系逐步取代传统生产关系的质变过程中,旧质的量在逐渐收缩,而新质的量则在迅速扩张,生动地展现了事物发展的辩证法。随着科技的飞跃、生产力的提高以及社会意识的变革,新型生产关系首先在某些关键领域或行业实现突破,这些"点"上的成功成为质变的前奏。随后,这些新兴的生产关系模式开始由点到面,逐步向更广泛的领域扩散,其影响力在数量上迅速增强,逐步渗透并改变着社会的经济结构。新质要素的扩张不仅仅是数量上的增加,更是质量上的飞跃,代表了更高效、更公平、更可持续的生产方式和社会关系。其扩张不仅意味着旧有生产关系的退缩,更预示着社会生产力的全面进步。与单纯的量变不同,质变过程中的量扩张是建立在新质要素优势基础之上的,它伴随生产力与生产关系的深刻调整。值得注意的是,虽然质变在时间上可能呈现出不同的长短,但无论是快速转型还是渐进演变,都必然伴随新质在量上的持续扩张。扩张不仅是质变过程的重要特征,也是质变能够最终实现并巩固其成果的关键所在。

量变是质变的必要前提,质变是量变的必然结果。量变作为质变的必要前提,在新型生产关系与传统生产关系的演变中体现得淋漓尽致。随着生产力的不断发展,传统生产关系中的某些因素逐渐积累起变革的力量,这些微小的、看似不起眼的变化,正是新型生产关系萌芽和成长的土壤。量变的积累为传统生产关系向新型生产关系的转变提供了必要的条件和准备。当量变达到一定程度时，传统生产关系再也无法适应新质生产力的发展要求，此时，新型生产关系便被确立，逐步取代旧有模式。质变过程不仅意味着生产方式的根本性变革，更伴随社会结构、价值观念乃至文化传统的深刻调整。

然而，量变和质变又相互转化，质变并非终点，而是新的量变的起点。新型生产关系在形成之初，仍需经历一系列的量变过程，以适应新的生产力水平和社会环境。这些新的量变，既是对质变成果的巩固和发展，又为未来可能的新的质变奠定了基础。在量变与质变的相互转化和交替过程中，新型生产关系与传统生产关系之间的矛盾不断推动社会向前发展。每一次的质变都是对旧有模式的超越，而每一次的量变则是为下一次的质变蓄积力量。往复前进的过程，构成了质量互变规律的链条，引领着中国特色社会主义不断向更加高级、更加复杂的阶段迈进。

（三）否定之否定：批判与扬弃

正如黑格尔所言："花朵开放的时候花蕾消逝，人们会说花蕾是被花朵否定了的；同样地，当结果的时候花朵又被解释为植物的一种虚假的存在形式，而果实是作为植物的真实形式出现而代替花朵的。"① 在《丢掉幻想，准备斗争》中，毛泽东指出："斗争，失败，再斗争，再失败，再斗争，直至胜利——这就是人民的逻辑。"② "捣乱，失败，再捣乱，再失败直至灭亡——这就是帝国主义和世界上一切反动派对待人民事业的逻辑。"③ 在《实践论》中，毛泽东指出："实践、认识、再实践、再认识，这种形式，循环往复以至无穷，而实践和认识之每一循环的内容，都比较地进到了高一级的程度。"④

一切事物内部都存在着肯定因素和否定因素，当否定方面由被支配的地位上升为支配地位时，事物便转化为自己的对立面，但运动并未停止，否定方面上升为支配地位甚至统治地位后，会被继续否定，又转回肯定，从而成为否定之否定。在生产关系内部，始终存在着肯定与否定两种因素的斗争。当否定因素逐渐占据主导地位，推动生产关系向更加适应生产力发展的方向转变时，就意味着一次新的否定过程的开始。但否定并非终结，而是为下一次的否定之否定埋下了伏笔。在否定之否定的阶段，生产关系会达到一个更高的层次，既包含了对以往

---

① ［德］黑格尔：《精神现象学》上卷，贺麟、王久兴译，商务印书馆1962年版，第2页。
② 《毛泽东选集》第四卷，人民出版社1991年版，第1487页。
③ 《毛泽东选集》第四卷，人民出版社1991年版，第1486页。
④ 《毛泽东选集》第一卷，人民出版社1991年版，第296、297页。

发展成果的肯定，也预示着未来继续发展的可能性。

在此过程中，事物的发展经历了两次否定，每一次都不是简单地再现，而是在内容上有所发展，是"扬弃"的结果，是前进和上升的发展过程。首先，新型生产关系的确立，是对传统生产关系的一次否定，它摒弃了传统生产关系中阻碍新质生产力发展的过时因素和消极内容，如低效的分配机制、僵化的组织结构等，同时保留并发展了那些有利于生产力进步的积极因素和合理成分，如技术创新的激励机制、灵活多样的劳动组合等。"扬弃"使得新型生产关系在内容上更加丰富、结构上更加合理，从而推动了新质生产力的快速发展。其次，随着新质生产力的进一步发展和社会环境的不断变化，新型生产关系自身也会逐渐暴露出局限性。此时，它需要经历第二次否定，即自我否定的过程。此时，新型生产关系中的某些方面可能不再适应新的生产力要求，需要再次进行批判性审视和调整。这一次的否定同样遵循"扬弃"的原则，既克服自身存在的不足，又保留和发展其积极因素，从而孕育出更加先进、更加适应时代要求的生产关系新形态。

因此，辩证的否定是事物发展的决定性环节，但事物的发展不是一次否定就可以完成的，也不是一系列否定的简单叠加，而是由肯定到否定，又由否定到否定之否定的自我发展、自我完善的有关规律的运动过程。新型生产关系的诞生，是对传统生产关系中不适应新质生产力发展要求的否定，它保留了传统中仍有价值的部分，并注入了新的活力与要素，从而实现了生产关系的自我革新。随着新质生产力的不断进步和社会条件的持续变化，新型生产关系自身也会逐渐暴露出局限性和不足。此时，它同样需要经历由肯定到否定，再由否定到否定之否定的循环往复过程，以实现自我完善与提升。

在否定之否定下，事物发展的总趋势是前进的。事物发展中的自我否定是不会终止的，新事物层出不穷，因而发展总是表现为新事物不断产生、旧事物不断灭亡的上升前进的运动。事物的第一次否定都是"扬弃"，既克服了前一发展阶段中过时的、消极的东西，又保留和发扬了以往发展阶段中积极的、合理的因素，产生出发展程度更高、内容更丰富的新事物。同时，新事物本身又为后来的进一步发展提供了条件。生产关系的发展总趋势是向前的，该趋势源自生产力的不断发展和人类追求更高效、更公平生产方式的内在动力。随着科学技术的进步、生产工具的革新以及社会分工的细化，传统生产关系中的某些环节逐渐显得力不从心，无法满足新质生产力发展的新要求。此时，新型生产关系便应运而生，它通过对传统生产关系的自我否定，实现了生产关系结构升级。此时，否定并非简单的抛弃，而是一种"扬弃"，既保留了传统生产关系中仍具生命力的积极因素，如有效的激励机制、合理的资源配置方式等，同时摒弃了那些过时、消极的内容，如低效的分配机制、僵化的管理模式等。通过"扬弃"，新型生产关系不仅克服了传统生产关系的局限性，还在内容上更加丰富、结构上更加合理，为新质生产力的进一步发展开辟了广阔的空间。

同时，事物发展是曲折的。从否定之否定的事物发展周期来说，当周期完成时，仿佛回到了"开始"，但此时的"开始"并非原有的基础，而是在经由否定之否定后的更高级的阶段。并且，在每一次否定上，都是新方面和旧方面反复斗争和较量的结果，矛盾双方的力量此消彼长，决定了事物发展的曲折性。然而，生产关系的发展并非一帆风顺，其过程充满了曲折与反复。在新型生产关系取代传统生产关系的过程中，生产关系内部的矛盾斗争是不可避免的。传统生产关系为了维护自身的存在，会竭力阻挠新型生产关系的发展；而新型生产关系在初期也可能面临诸多挑战，如技术不成熟、制度不完善、社会认知度不高等问题。这些矛盾与斗争使得生产关系的发展道路充满了曲折性。但正是曲折性构成了生产关系发展过程中的重要环节，它促使新事物在斗争中不断成长壮大，同时也促使旧事物在斗争中逐渐失去生命力。此外，从否定之否定的发展周期来看，生产关系的发展也呈现出一种周期性的回归与超越。当一个新型生产关系经过一段时间的发展后，可能会遇到新的瓶颈和挑战，此时就需要再次进行自我否定和扬弃，以适应新质生产力发展的要求。周期性的回归并非简单的重复，而是在更高层次上的回归与超越。每一次的否定之否定，都使得生产关系在经历曲折后达到一个新的高度，为后续的进一步发展奠定了更加坚实的基础。

因此，从整个发展过程来看，事物从低到高的发展总趋势是不可逆转的，但事物的发展不能被设想成不经任何曲折的直线式前进。事物的发展是周期往复的由低级到高级的前进运动。在前进的道路上，新事物不断涌现，旧事物逐渐消亡，推动着社会生产关系的不断升级和进步；而在曲折的历程中，生产关系内部的矛盾斗争不断激化又不断解决，为新型生产关系的发展注入了源源不断的动力，为推动新质生产力加快发展提供了体制机制保障。

作者简介

韩文龙，教授、博士生导师。西南财经大学经济学院副院长，刘诗白书院副院长，国家级高层次人才计划、省级高层次人才计划和校级高层次人才计划入选者。主要研究方向为马克思主义政治经济学和数字经济等。近年来在《中国社会科学》《经济研究》《马克思主义研究》等期刊发表论文一百余篇，其中被《新华文摘》以及人大复印报刊资料等转载三十余篇。在《光明日报》《经济日报》以及人民网等发表评论性文章一百余篇，出版专著四部，参著多部。主持国家社会科学基金项目四项，其中重点项目两项，主研国家社会科学基金和自然科学基金项目多项。获教育部高等学校科学研究优秀成果奖二等奖和三等奖，国家级教学成果奖二等奖；陕西省第十四次哲学社会科学优秀成果奖一等奖、四川省第十八次社会科学优秀成果奖一等奖、四川省教学成果奖特等奖等。撰写的相关资政报告获得国家领导、中央统战部、教育部、省政协等批示或采纳。